A Conexão entre Mente e Matéria

Dr. Fred Alan Wolf

A Conexão entre Mente e Matéria

Uma Nova Alquimia da Ciência e do Espírito

Tradução
NEWTON ROBERVAL EICHEMBERG

EDITORA CULTRIX
São Paulo

Título do original: *Mind into Matter.*

O primeiro número à esquerda indica a edição, ou reedição, desta obra. A primeira dezena à direita indica o ano em que esta edição, ou reedição, foi publicada.

Edição	Ano
1-2-3-4-5-6-7-8-9-10-11	03-04-05-06-07-08-09-10-11

Direitos de tradução para a língua portuguesa
adquiridos com exclusividade pela
EDITORA PENSAMENTO-CULTRIX LTDA.
Rua Dr. Mário Vicente, 368 — 04270-000 — São Paulo, SP
Fone: 6166-9000 — Fax: 6166-9008
E-mail: pensamento@cultrix.com.br
http://www.pensamento-cultrix.com.br
que se reserva a propriedade literária desta tradução.

Impresso em nossas oficinas gráficas.

Sumário

INTRODUÇÃO

O Despertar do Mistério

Como cientista e escritor, eu sempre me preocupo em oferecer concepções novas, especulativas e instigantes aos meus leitores, ao mesmo tempo que permaneço fiel à minha profissão de cientista. Aparentemente, espera-se que os cientistas escritores permaneçam dentro de certos limites de respeitabilidade; eles não deveriam se desviar muito daquilo que os seus colegas aceitam como dogmas estabelecidos. Se o fizerem, é provável que sejam rejeitados como excêntricos ou, simplesmente, como doidos varridos.

Mas, atualmente, à medida que vamos entrando num novo milênio, também estamos entrando numa maneira totalmente nova de existir no mundo. O computador moderno, o advento dos computadores quânticos, os avanços revolucionários na biologia, as viagens globais em alta velocidade e as comunicações quase instantâneas tornaram acessíveis amplas extensões do conhecimento humano. Pessoas que vinham de várias disciplinas científicas, religiosas e filosóficas começaram a construir pontes entre a ciência, a espiritualidade, o xamanismo, as antigas práticas mágicas, a metafísica e o funcionamento do corpo humano, entre outras áreas. Na verdade, são tantas as pontes que estão sendo construídas que é difícil determinar exatamente no que deveríamos acreditar. Deveríamos apenas ler e aceitar o que nos dizem os cientistas comprometidos com a ciência oficial? Talvez devêssemos aceitar apenas as palavras de prestigiosos ganhadores de prêmios tais como o Nobel, o Pulitzer e outros. No entanto, o bom senso nos diz que, se o fizéssemos, estaríamos em sérios apuros, pois, com freqüência, esses escritores não são melhores do que o indivíduo médio quando se trata de se aventurar nos domínios imaginativo e especulativo. Pior ainda, às vezes até mesmo as melhores mentes se tornam demasiadamente conservadoras ou preconceituosas.

Embora eu não esteja dizendo que nós deveríamos rejeitar as tentativas das assim chamadas "grandes mentes" para explicar as suas idéias para um público ávido por obtê-las, eu digo que existe muito espaço para boas e inspiradas especulações por parte de cientistas-escritores como eu, que, ao explicar o funcionamento da ciência, também oferecem a sua "descarada" visão a respeito do que virá — mesmo que essa visão nos leve para muito além das fronteiras da aceitação, e, em particular, se essa visão oferecer alguma base para a esperança e a inspiração.

Neste livro especulativo e imaginativo, eu tento ir mais longe do que fui antes oferecendo idéias novas, mas baseadas em algumas antigas visões. Os velhos alquimistas, nas suas tentativas de entender o sentido do mundo, de alterá-lo e de descobrir os seus segredos mágicos, propuseram pela primeira vez as sementes dessas idéias. Hoje, a forma moderna dessas mesmas idéias surge da física quântica, da neurobiologia e da teoria da informação. Essas concepções dizem respeito aos seres humanos, à mente e ao corpo deles, e às suas tentativas para alterar, controlar e lidar de maneira adequada com o próprio ambiente, quer esse ambiente se estenda até tão longe quanto uma galáxia distante, quer esteja tão perto quanto o próprio coração e cérebro. A meta dos cientistas modernos faz eco ao objetivo dos antigos alquimistas.

A ANTIGA ALQUIMIA

Velhas lendas preservadas por competentes mestres do judaísmo afirmam que o anjo, no portal do Éden, instruiu Adão nos mistérios da cabala e da alquimia. De fato, as doutrinas da alquimia, do hermetismo, dos rosa-cruzes e da franco-maçonaria estão, todas elas, inextricavelmente entrelaçadas com as teorias da cabala.[1] E todas elas tinham um objetivo em comum: a transformação do básico ou comum no puro ou raro. Ou, para expressá-lo de maneira mais simples, *a transformação da mente em matéria.*

A cabala influenciou em grande medida o pensamento medieval, tanto cristão como judeu. Ela ensinava que nos escritos sagrados havia uma doutrina oculta, que era a chave desses escritos. No entanto, a cabala simples dos primeiros séculos da Era Cristã acabou evoluindo num elaborado sistema teológico, que se tornou tão intrincado que era quase impossível compreender os seus dogmas.[2] Possivelmente, a alquimia e a cabala dividiram-se nesse ponto. Com certeza, podemos remontar os princípios da alquimia até os antigos egípcios, para os quais ela era a ciência dominante. Os caldeus, os fenícios e os babilônios também estavam familiarizados com os princípios da alquimia, como também o estavam muitos povos do Oriente. Ela era praticada na Grécia e na Roma antigas, e, durante a Idade Média, era uma ciência e uma religião, bem como uma filosofia. Vistos com freqüência como rebeldes contra a religião da sua época, os alquimistas escondiam os seus ensinamentos filosóficos sob a alegoria da fabricação do ouro. Dessa maneira, eles eram capazes de prosseguir com a sua arte e de continuar trilhando os seus caminhos, recebendo apenas a zombaria, em vez da perseguição e da morte.

A maioria dos dicionários modernos rejeita a alquimia como uma precursora da química, imatura, empírica e especulativa, que tinha como propósito a transmutação de metais comuns em ouro. Porém, embora a química tenha evoluído da alquimia, as duas escolas de pensamento, na verdade, nunca tiveram muita coisa em comum. Enquanto a química lida com fenômenos cientificamente comprováveis e objetivos, a misteriosa doutrina da alquimia diz respeito a uma ordem da realidade que é oculta, subjetiva, abstrata e superior. Essa realidade constitui a base de todas as verdades e de toda a espiritualidade. Perceber e compreender essa realidade é e era a meta de todos os alquimistas. Eles chamavam essa meta de *Magnum Opus* ou Grande Obra — a Realização Absoluta. Ela era vista como a Beleza de todas as Belezas, o Amor de todo Amor e a Mais Alta Elevação. Para testemunhá-la era preciso que a consciência fosse radicalmente alterada e transmutada do nível ordinário da percepção cotidiana (semelhante ao chumbo) num nível sutil de percepção superior (semelhante ao ouro), de modo que todo objeto passasse a ser percebido em sua perfeita forma arquetípica — o Absoluto, o Sagrado de todos os Sagrados, o Santíssimo.

Esse processo transmutativo, a *Magnum Opus*, é ao mesmo tempo uma realização tanto material como espiritual. Esse fato é, com muita freqüência, negligenciado. Alguns comentadores alegam que a alquimia é uma disciplina totalmente espiritual, enquanto outros parecem interessados apenas em descobrir se o ouro era realmente produzido e por quem. Ambas as atitudes são enganadoras. É essencial ter em mente que há correspondências precisas, fundamentais para o pensamento alquímico, entre o visível e o invisível, o que está em cima e o que está embaixo, a matéria e o espírito, os planetas e os metais.

Em seu livro *Magia Transcendental*, Eliphas Levi escreveu:

> A Grande Obra é, acima de todas as coisas, a criação do homem por ele mesmo, isto é, a plena e total conquista das suas faculdades e do seu futuro; é especialmente a perfeita emancipação da sua vontade, assegurando... pleno poder sobre o Agente Mágico Universal. Esse Agente, disfarçado pelos antigos filó-

> sofos sob o nome de Matéria-Prima, determina as formas da substância modificável, e nós podemos realmente chegar por meio dele à transmutação metálica e à Medicina Universal.[3]

O processo da "criação do homem por ele mesmo" começa com uma imagem primária ou arquetípica desse *homem*. Criar essa imagem requer alguma ação. Parece-me que precisamos utilizar ferramentas simbólicas para fazê-lo. Descobri que as próprias letras hebraicas são exatamente as ferramentas necessárias. Cris Monnastre, em sua introdução à quinta edição do livro *The Golden Dawn*, de Israel Regardie, explica:

> ... Eu sugeriria... começar pela tarefa de memorizar o alfabeto hebraico. Dentro desse sistema, o alfabeto hebraico não tem conotação de religião ou de seita. Suas letras são consideradas símbolos "genéricos" e "sagrados" — poderosas portas de acesso ao mundo interior — e não estão associadas com dogmas nem com organizações religiosas esotéricas.[4]

Os antigos místicos consideraram pela primeira vez essas letras hebraicas, essas portas simbólicas, como um código universal, e desse modo eles se puseram a caminho com o propósito de apreender completamente o seu significado. Sua meta era criar a imagem do ser humano primordial, e para isso eles tinham de permitir que os símbolos surgissem vivos dentro deles e a eles se ligar, o que lhes forneceria novas introvisões da existência espiritual e material. Se fossem bem-sucedidos, tornar-se-iam seres humanos plenamente realizados.

Essa realização provém diretamente da palavra bíblica segundo a qual o homem e a mulher foram criados à imagem de Deus. Em conseqüência, a vida divina precisa existir no ser humano; e essa existência divina precisa aparecer e ser realizada em cada parte do corpo humano. Então, um místico plenamente realizado se torna, na imagem de Deus, o *Adão Kadmon* (אדם קדמון). De acordo com os místicos, toda a vida humana se origina desse Adão.

Ao longo de toda a sua história, a cabala tentou ligar dois mundos ou estágios do desenvolvimento humano. O primeiro mundo é o da mitologia primitiva e o segundo é o da revelação espiritual.[5] Tentar alcançar a iluminação espiritual sem compreender o mundo da mitologia que há dentro de nós é um sério erro. Pessoas que tentam isso estão, com freqüência, "em batalha com o demônio" ou "com medo do mal". Carl Jung referiu-se a essa evitação mitológica como a "sombra". A escola de cabala do século XVI de Isaac Luria, sediada em Safed (onde hoje é Israel), enfatizava isso claramente. De acordo com Isaac Luria, a criação começou quando Deus se retirou para dentro de Si Mesmo num laço (*loop*) auto-referencial impossível de se imaginar.[6] A partir dessa retirada, uma luz divina emanou e fluiu para dentro do primeiro espaço que já existiu. Nosso próprio espaço tridimensional foi um desenvolvimento posterior desse espaço primordial. E o Adão Kadmon — o primeiro ser — proveio dessa luz. Dos seus olhos, boca, narinas e ouvidos emanou a luz primordial não-confinada. Então, num grande e avassalador mistério, vasos especiais para conter essa luz primordial despontaram do nada. Esses vasos eram matéria primordial ou de natureza semelhante à semente. Mas os vasos materiais e primordiais se quebraram, e o caos foi liberado. Desse caos, por fim, o homem caiu no espaço-tempo como uma espécie de projeção mental do Adão Kadmon.

CRIANDO UMA NOVA VISÃO A PARTIR DA CIÊNCIA E DO ESPÍRITO

E assim, atualmente, os mistérios ainda persistem. Por mais inteligentes que nós sejamos no mundo moderno, aparentemente nunca podemos passar para trás do véu que separa o visível do invisível, exceto se nos empenharmos no caminho apontado pelos antigos — *os Mistérios*. As perguntas são tão vívidas hoje quanto o foram para as primeiras mentes que nelas pensaram pela primeira vez. O que somos nós? O que é inteligência? Qual é a nossa fonte? Qual é o propósito da Vida? Ainda estamos à procura das ferramentas da nossa transformação pessoal. Livros de auto-ajuda enchem as nossas prateleiras. E até mesmo quando as nossas necessidades materiais são satisfeitas, muitos de nós se sentem perdidos e desesperançados, seguindo o nosso caminho através de um universo objetivamente abarrotado e trazendo um vazio em nosso coração.

Teriam os antigos respondido a essas perguntas? Quem somos nós para dizer que não o fizeram? Com nossa mente moderna e "objetiva", orientada pela ciência, somos pelo menos capazes de entender as descobertas, e a sabedoria, dos antigos alquimistas — mesmo que elas estejam bem à nossa frente? O físico Wolfgang Pauli disse certa vez que os cientistas foram longe demais no século XVII quando tentaram tornar tudo compreensível estritamente enquanto ciência objetiva. Ao despojarem a visão subjetiva de qualquer solo firme, muita coisa se perdeu. De uma maneira muito parecida com aquela pela qual os dicionários modernos fazem da alquimia uma mera sombra da química que viria depois, a ciência moderna tem tentado tornar o estudo do subjetivo um mero reflexo da ciência da matéria, objetiva e reducionista. Alguns de nós, inclusive muitos cientistas, não concordam com o novo materialismo objetivo. Acreditamos, no âmago do nosso coração, como também o acreditavam os alquimistas que vieram antes de nós, que alguma coisa muito mais rica do que o materialismo é responsável pelo universo.

Então, será que, no mundo moderno, podemos passar para além do véu? Neste livro, eu afirmo que sim. Que, armados com o antigo conhecimento e com a visão moderna que provém da física moderna, em particular da física quântica, nós podemos redescobrir o que os antigos podem ter conhecido. Tudo de que precisamos são algumas concepções básicas — uma nova maneira de ver o antigo caminho. Eu dei um nome a essas novas maneiras de ver; eu as chamo de *nova alquimia*. Assim, talvez possamos dar a nós mesmos o nome de *novos alquimistas*.

Você pode certamente pensar a meu respeito como um novo alquimista. De fato, eu sinto total simpatia pelos meus velhos antepassados. Quando eu procuro na minha memória, muitas lembranças desse interesse inundam a minha mente. Compreendo que sempre estive interessado em magia e em transformação.

Lembro-me de um dia em particular em que eu estava brincando no saguão da frente do meu prédio de apartamentos. Eu tinha apenas 8 anos. Estava de pé no topo da escada e olhava para baixo me perguntando se eu poderia descer num vôo que transpusesse os dezenove ou vinte degraus de modo a atingir o andar térreo a partir do primeiro andar, onde ficava o nosso apartamento. Sem pensar, deslizei escadaria abaixo com os pés mal tocando as bordas de cada degrau. Num piscar de olhos, eu estava no andar térreo, e eu não tinha deslizado pelo corrimão nem tinha colocado os pés em qualquer um dos degraus.

Quando fiquei mais velho e me lembrava do que eu fizera naquele dia, compreendia que era impossível. Os meus pés não eram longos o bastante para irem da borda de um degrau para a borda seguinte sem cair de cara no chão. Será que esse foi apenas um sonho de superpoderes ou será que eu realmente desci deslizando por aquela escada?

Durante toda a minha infância, eu mantive o meu interesse por magia e fantasia. Esse interesse me levou a pensar a respeito do mundo de uma maneira um pouco diferente da dos meus colegas. Ele me levou para a física quântica e para o fato de eu estar escrevendo este livro.

Eu certamente não estou sozinho. Quero que o leitor compreenda que hoje, assim como vem acontecendo há milhares de anos, muitos indivíduos estão tentando — às vezes juntos e às vezes sozinhos

— descobrir a solução mágica, arcana, do enigma do universo. Eles procuram uma ordem oculta, abstrata e superior da realidade, que incluiria o subjetivo com tanta clareza quanto inclui o objetivo.

ESTE LIVRO E A HISTÓRIA DE VOCÊ

Em *A Conexão entre Mente e Matéria*, exploraremos como a mente ingressa no corpo nos níveis celular, molecular e neuronial-molecular e fica seduzida, quase acreditando — embora não totalmente — que ela é o corpo. A realidade que a mente, de modo vago, sente que está além do corpo oferecerá uma nova compreensão da maneira como a mente e o corpo funcionam enquanto elementos num laboratório alquímico. Como nenhum laboratório que você jamais possa ter imaginado, o laboratório alquímico aparece muito naturalmente no mundo dos nossos sonhos e dos nossos pensamentos preconscientes. Nesse laboratório, nós aprendemos a desenvolver uma fronteira mágica, porém sempre móvel, chamada fronteira real/imaginal, que divide nossa mente-corpo em eus separados, eus que parecem imagens corporais num mundo real ao redor delas.

Então, aprenderemos como conduzir experimentos na fronteira do domínio real/imaginal. Os resultados desses experimentos resultarão em novas informações e em novas possibilidades de transformação. Experimentaremos essas informações ingressando em nossos sonhos e, o que possivelmente é mais importante, durante os nossos pensamentos despertos. E isso nos levará a uma nova visão da vida e do tempo. Veremos como o nosso cérebro atua como uma máquina do tempo que alcança o futuro para obter informações e o passado para confirmar a validade desses dados. Veremos como o significado emerge dessa transferência de informações futuro-para-presente-para-passado-para-presente; e como esse significado altera e muda o que nós acreditamos e o que nós experimentamos manifestando-se fisicamente no mundo, tanto no nível pessoal como no global. E, finalmente, completaremos a nossa viagem com uma nova visão da mente, do corpo, do espírito e da alma, e um novo entendimento alquímico de como as forças do propósito, da criação e da transformação dentro de cada um de nós, quando utilizadas conscientemente, podem intensificar a significação da nossa vida cotidiana.

Em resumo, o meu propósito com este livro é mostrar que, dentro da sua própria mente e do seu próprio corpo, há uma história majestosa, cheia de drama, comoção e compaixão, humor, inteligência, fantasia e fatos. Isso não é menos do que a história de todo o universo, em particular de sua criação, transformação e propósito supremo. E embora a maior parte das histórias exija um ouvinte e um contador de histórias separados, na sua história o ouvinte e o contador de histórias são um só. Aqui, você verá que a maneira como você anda por aí contando uma história para si mesmo — uma história que inclui *você* — aponta efetivamente para o fato de que *sem você* não haveria universo! E veremos como essa história chamada *você* se desdobra num panorama de vida, literalmente num *você-universo* (*you-niverse*) — sendo a nossa meta suprema entender a transmutação sagrada da mente em matéria.

UMA PALAVRA A RESPEITO DOS TÍTULOS DOS CAPÍTULOS

Devido ao seu significado simbólico, como foi explicado antes, eu abro cada capítulo com uma letra-símbolo do alfabeto hebraico. O significado sagrado de cada letra, creio eu, enriquecerá o nosso entendimento do material dentro do seu capítulo correspondente, bem como o nosso entendimento global da própria nova alquimia. Em poucas palavras:

א **aleph**: o impossível princípio de vida-morte, o vazio do qual tudo emana [7]

ב **bayt**: o primeiro recipiente, o recipiente primordial, o primeiro ato que distingue uma coisa de outra

ג **ghimel**: o primeiro movimento, o movimento primordial, um espasmo semental ou um salto descontínuo

ד **dallet**: um vão de porta e uma resistência à passagem ou ao movimento, a primeira resistência ou a propriedade da inércia[8]

ה **hay**: a primeira forma de vida

ו **vav** ou **waw**: fertilidade infinita ou capacidade de clonar indefinidamente

ז **zayn**: a primeira possibilidade, a concepção segundo a qual possibilidades podem emergir

ח **hhayt**: uma reunião ou associação dessas possibilidades

ט **tayt**: a primeira estrutura efetiva que provém de uma tal reunião

Existem, ao todo, vinte e sete letras-símbolos no alfabeto hebraico. (As primeiras vinte e duas formam o alfabeto hebraico padrão. As cinco seguintes repetem cinco das letras originais, mas são escritas de uma forma modificada para significar o seu uso nos finais das palavras.) Elas são arranjadas em três fileiras de nove letras, com a fileira do topo contendo as primeiras nove letras. As outras duas fileiras são consideradas como projeções dessas nove primeiras e, conseqüentemente, têm significados semelhantes. A diferença nos níveis depende da evolução do símbolo. Desse modo, o espírito livre, aleph (א), evolui para o iod (י), espírito ou existência aprisionados, e no nível seguinte para qof (ק), o aleph cósmico, onde ocorre a reconciliação do espírito com o seu eu aprisionado.

E, desse modo, vemos que o Adão Kadmon, que em hebraico se escreve, אדם קדמון, tem um significado simbólico. Lendo esse nome em hebraico da direita para a esquerda, as letras são aleph-dallet-mem (Adão), qof-dallet-mem-vav-nun (Kadmon). Em resumo, aleph encontra resistência (dallet e mem) e finalmente transforma essa resistência da consciência em possibilidades cósmicas. A resolução disso é o impossível princípio de vida-morte fundindo-se com o seu destino cósmico e dando um salto quântico através da resistência e da resistência existencial da consciência na fertilização incessante de Seres Humanos cosmicamente iluminados. Desse modo, a plena realização de Adão Kadmon provém da transformação sagrada da mente em matéria.

E UMA BREVE PALAVRA A RESPEITO DOS CAPÍTULOS

Cada um dos capítulos de *A Conexão entre Mente e Matéria* contém um pensamento particular referente ao processo global da transformação da mente em matéria. Enquanto tal, cada capítulo pode ser considerado isoladamente como, digamos, um ensaio. Como os antigos místicos sabiam, esse material é de compreensão difícil para a mente humana, e provavelmente ainda mais para nós atualmente quando, enquanto cultura, estamos tão imersos na mentalidade da ciência "objetiva". Desse modo, espero que você consiga tempo para ler e reler os capítulos que você considera os mais difíceis. Acho que o processo recursivo levará, em última análise, ao seu entendimento da ciência e do espírito da transformação da mente em matéria. E, o que é mais importante, acredito que uma vez que você deixe para trás a segurança das suas velhas crenças aceitas, você começará a ver a si mesmo e a história da sua vida a partir de uma nova perspectiva.

aleph

א

Aleph representa a energia suprema — sutil, viva,
mas que não existe como ela mesma no
mundo do espaço-tempo
que nós conhecemos, pois ela é imaginal.
É a energia primordial
em tudo; e tudo o que nós conhecemos está em aleph.

Aleph está além da definição, incapaz de ser
definido ou limitado. Ele se move com velocidade
infinita e desse modo se esquiva do tempo.
É a consciência primordial desconhecida
de si mesma. Sua ação no que é temporal
é explosiva e descontínua.

CAPÍTULO 1

Vazio: O Impossível Princípio de Vida/Morte

Olhai, o reino do céu está dentro de vós.
Lucas 17:21

A principal idéia da nova alquimia, o liame de todas as idéias aqui apresentadas, reside na concepção de unidade: *a grande inseparabilidade de todas as coisas.* Considerado literalmente, como veremos, isso significa que as próprias noções de que o céu está separado da terra, a mente separada do corpo, o livre-arbítrio separado do determinismo, a vida separada da morte, e na verdade todas as dualidades, todos os opostos, onde quer que nós coloquemos um interior e um exterior, uma linha fronteiriça, uma nação, uma ilha, uma membrana, uma distinção — tudo isso e mais, não são fatos primários.

Não obstante, nós, inconscientemente, lutamos para manter esse segredo enterrado em nosso interior. Nós, inconscientemente, trabalhamos para manter o *status quo*. Em outras palavras, nós, inconscientemente, escolhemos viver sob a ilusão de que tudo existe da maneira como nós vemos. Isso não é apenas uma verdade fundamental para você e para mim; é o profundo segredo da existência do universo: o segredo escondido do eu essencial da pessoa. É o grande truque de Deus; e ele somente funciona porque nós concordamos em acreditar no truque. Se pudéssemos parar de acreditar nele por um minuto, por um segundo, até mesmo por um milissegundo, e permitir que a nossa consciência se tornasse ciente de que paramos de acreditar, nós veríamos o truque revelado.

Em algum ponto da nossa vida, de alguma maneira, em algum lugar, só por um instante, o desvelamento do grande mistério acontece. Deus, o mágico, levanta a cortina, revela o truque só ligeiramente, e vislumbramos a ilusão. Porém, não gritamos: Uau! Nenhum suspiro de maravilhamento enche o teatro. Alguma coisa se torna distinguível do nada num único ato criativo, mas nós aplicamos em nós mesmos o truque para não ver. E assim vai. Nenhum aplauso enche o ar. Voltamos a nos sentar, assistimos ao *show*, soltamos um suspiro de alívio, e dizemos, inconscientemente: "Eu nunca imaginaria isso; que me baste apenas ser capaz de aceitá-lo."

De fato, todas as distinções surgem de tais ações. E a maioria de nós permanece habitualmente inconsciente e se agarra à ilusão até o último nanossegundo da nossa existência. Observamos a fronteira entre o oceano e a terra, entre o ar, a terra e a água. Observamos a efervescente crosta de areia, de água e de ar e nos lembramos das distinções. E, de maneira semelhante, vivemos a nossa vida na noção confortável de que uma membrana invisível nos separa daquele mundo "lá fora"; que "aqui dentro", em nossa mente, em nosso mundo interior da imaginação, estamos seguros e sozinhos. De nenhuma maneira qualquer pessoa ou coisa pode invadir nosso mundo mental individual. Cada sentido em nosso corpo nos diz continuamente que isso é verdade, que cada um de nós está sozinho. Ignoramos qualquer informação, qualquer pensamento, qualquer percepção, qualquer narração imaginativa, a história de qualquer outra pessoa que confronta a nossa apresentação sensorial dos mundos "lá fora" e "aqui dentro" separados. Olhamos com ceticismo pessoas que nos contam uma história diferente, provavelmente jeitando como tolas, desorientadas, ou até mesmo como lunáticas.

Muitos de nós, atualmente, apanhados nesse dilema da ilusão e da realidade, gostariam de acreditar que a separatividade é uma ilusão. Estamos, então, com sorte!

O QUE OS ALQUIMISTAS SABIAM

As distinções não são reais. Elas são efêmeros murmúrios de uma realidade potencial que tudo permeia, sutil e não-expressiva. O mundo não é feito de coisas separadas. A mente não está separada da matéria. E você não está separado de nenhum outro ser, animal, vegetal, vivo, morto, ou feito de matéria aparentemente inanimada. O reino do céu e a ilha do inferno residem em você. Em você reside tudo o que você sempre quis saber. Um potencial imenso ansiando por emergir e por se tornar alguma coisa reside em você. Em você, como uma serpente enrolada esperando para saltar para fora das suas sombras mais profundas, reside cada momento criativo que existe, que existiu e que existirá.

Porém, como o oceano que lava a praia, a maré finalmente declina. A água retorna ao mar. A praia afirma a si mesma. Finalmente, todas as distinções desaparecem. Nenhuma fronteira dura para sempre. Nada dura. Tudo retorna ao grande oceano da unidade. Vida, morte e todos os padrões se movem vibratoriamente. Você pode pensar nisso como o *impossível princípio de vida/morte*.

Até mesmo o espaço e o tempo — a arena onde nós passamos a nossa vida — não são reais, mas projeções vindas de algo muito mais profundo e misterioso. Até mesmo essa arena desaparecerá. Esse impossível pensamento, destituído de extensão espacial, não-pensante, que não dura um segundo nem uma eternidade, nem mesmo o menor infinitésimo de tempo e nem o maior eon, essa profundidade, essa luz/escuridão além de qualquer coisa que possa ser figurada como vazia, esse paradoxal princípio de vida/morte, esse anseio profundo, aparece como uma nuvem, uma lembrança, uma leve perturbação e, como tal, ela cresce. Mas, para nós, ela parece apenas pipocar dentro da existência, sem um pensamento, sem ser notada.

Sempre ondulando, a grande onda se afirma novamente. O oceano lava a praia. É uma ilusão causada pela própria necessidade de que a ação que gera a existência do universo requer essa ilusão.

Mas será que ela de fato o requer? E se a noção de descobrir a verdade for, ela própria, imaginária?

OS ANTIGOS ALQUIMISTAS QUE SENTIAM O VAZIO

A inseparabilidade é esquiva. Na maior parte do tempo, ela é invisível aos nossos sentidos e difícil de descrever. Não obstante, ao longo de todo o mundo antigo, muitos alquimistas, isoladamente, sentiam a presença desse impossível princípio de vida/morte indiviso e simultaneamente existente.

De uma maneira que não difere das de alguns cientistas atuais de pensamento profundo, que em suas descobertas dos novos princípios da inseparabilidade[1] procuram o significado oculto da vida e respostas para os mistérios do universo, os alquimistas procuraram maneiras de estender uma ponte sobre a aparente lacuna implícita em toda distinção. Por trás de todo bem, eles procuravam o mal. Por trás de cada idéia nova, eles procuravam o princípio antigo. Uma vez convencidos da sua visão, eles acreditavam que qualquer separação, descoberta ou sentida, era ilusória. E desse modo eles procuravam um caminho que os levaria ao domínio da inseparabilidade. Eles queriam segurar o paradoxo da existência em suas mãos. Eles queriam ver ambos os lados da moeda de uma só vez. Todo o seu trabalho, todos os seus esforços experimentais, tinham um só objetivo: despedaçar a membrana da separatividade. Fazer isso significava não apenas trabalhar em seu ofício alquímico, mas também trabalhar sobre si mesmos confrontando continuamente as suas próprias zonas de conforto de aceitabilidade.

DISSOLVENDO A VELHA MEMBRANA

Desse modo, a antiga alquimia tinha tanto que ver com o poder sobre si mesmo quanto com o poder sobre as leis físicas da Natureza. Tal poder requeria paciência, observação e, acima de tudo, devoção. No século XIV, um antigo alquimista, João de Rupescissa, escreveu que a alquimia é "o segredo do poder de fixar o sol em nosso próprio céu, de modo que ele brilhe aí e espalhe luz, e o princípio da luz, sobre o nosso corpo".[2] Para descobrir esse segredo, os alquimistas tinham de aprender a dominar a arte de dissolver todas as barreiras da separabilidade. Essas barreiras incluíam, em particular, quaisquer idéias ou concepções que indicassem uma distinção sensorial entre "lá fora" e "aqui dentro". Desse modo, a

Figura 1.1. Dissolvendo a Membrana. Os antigos alquimistas procuraram maneiras de dissolver a barreira entre a realidade, que eles acreditavam que era uma ilusão, e o imaginal, que eles pensavam que era real.

membrana mais significativa que eles precisavam dissolver era aquela que separava a mente da matéria. Eles procuravam esclarecer para si mesmos a não-validade da distinção entre os mundos *real* e *imaginal*.[3] Para fazer isso, eles tinham de descobrir como passar deliberada e conscientemente de um domínio para o outro. Essa não era uma tarefa fácil devido à lei da *inércia*.

A LEI SECRETA DA RESISTÊNCIA: A INÉRCIA

Para os alquimistas, a inércia não apenas parecia permear o mundo externo, tendendo a manter as coisas em seus respectivos lugares separados, como também permeava o mundo interior do pensamento e da percepção, tendendo a fazê-los aceitar como fato objetivo o que podia ser incessantemente repetido. De fato, Isaac Newton, ele mesmo um alquimista, descobriu o princípio universal da inércia, que o levou a formular as leis mecânicas objetivas do movimento.[4]

Para conseguir fazer a ruptura, para vencer a inércia mental, é necessária uma nova maneira de pensar. Com uma nova maneira de pensar, aparecerão novas maneiras de avaliar o que se pensa. E com essas novas ferramentas de avaliação, emergirão novas maneiras de sentir. Ora, por "sensação" não estou me referindo ao sentido do tato; eu me refiro àquilo de que falava Carl Jung. Sensação significa passar por uma ocorrência comprovada e duradoura, tornando-se ciente de uma experiência "aqui dentro" ao longo do tempo, mas não consciente do tempo que a sensação dura — tornando-se consciente, ao longo de um certo período de tempo, de um tipo ou qualidade específicos de estado físico, mental ou emocional. A qualidade duradoura de uma sensação é extremamente importante para aquilo que se segue.

Com o surgimento de uma nova maneira de sentir os seus próprios pensamentos, você começará a perceber o mundo "lá fora" com novos olhos: de maneira criativa, informativa, renovada, como uma criança. Com o surgimento de novas sensações iluminadas, você começará a ter intuições mais profundas. Essas intuições surgem como idéias, conhecimentos, previsões do futuro ou reavaliações do passado. Elas aparecem como visões. E cada novo pensamento institui um ciclo. O ciclo se move através de fases, como as do sol e da lua, do pensamento para o sentimento para a sensação para a intuição, o que reinicia o ciclo. A continuação do ciclo forma uma energia nervosa vibratória que se repete fisicamente no corpo. Sem algo para rompê-lo, ele forma uma memória que poderia ser reacessada como alguém que vai até um barril de chope para reencher a caneca.

Dessa maneira cíclica, todas as lembranças se formam, todas as impressões se estabilizam como "fatos", todas as opiniões a respeito do mundo e a respeito de você mesmo neste mundo se formam. Quando o ciclo se rompe, quando o hábito que nele nos vicia se dissolve, um novo ciclo começa. Repare que um ciclo completo tem o que é preciso para se tornar parte da realidade: ele tem inércia, tem resistência, e, se for alimentado com ciclos energéticos que estejam em fase com ele, crescerá e viverá. Se ele crescer e viver sem ser reprimido, ele se tornará um arquétipo e possuirá o usuário de maneira tão certa quanto qualquer demônio possuía um filósofo medieval firmemente determinado a obter acesso aos segredos de Deus.

Um tal segredo era continuamente revelado aos antigos alquimistas e ele os possuía. Ele lhes aparecia em sonhos ou surgia em seus pensamentos quando eles macaqueavam com a matéria em seus laboratórios. Eles recebiam uma insinuação de que aquilo que acontecia aqui na terra (o mundo inferior) estava ligado com aquilo que acontecia nos céus (o mundo superior), e que aquilo que acontecia no mundo interior da psique transforma o mundo exterior das estrelas, das pessoas, dos lugares e das coisas. Eles viram como a informação podia se transformar em matéria. E eles viram o inverso. Eles tiveram acesso ao princípio de vida-morte. Eles atingiram o vazio e dissolveram a membrana da inércia.

MISTICISMO ANTIGO E CIÊNCIA MODERNA

Poderíamos pensar que esses antigos estavam maldirecionados. Talvez o estivessem, no sentido de que não conheciam a ciência moderna. Mas, com relação ao princípio essencial de vida-morte eles estavam, cientificamente falando, perfeitamente certos. Um mundo imaginal abstrato interior teria de exercer um efeito causativo sobre o mundo material exterior, e vice-versa. O que está em cima é como o que está embaixo. O que está dentro é como o que está fora. Os estados soberanos do imaginal e do real estão profundamente ligados.

Esse fato da natureza, sobre o qual desde há muito tempo se suspeita, mas que é freqüentemente posto em dúvida e enterrado, reemerge nesta era baseada na ciência que chamamos de era da informação. Ele nos leva a uma nova visão da realidade — uma visão onde a realidade imaginal, subjetiva ou virtual da mente e a realidade física, exterior ou objetiva da matéria estão inextricavelmente ligadas. Essa ligação, como nós logo veremos, transcende o tempo e o espaço.

Como essa ligação se encontra fora do domínio espacial-temporal, muitas pessoas inteligentes acreditam que a resposta ao enigma que relaciona o mundo exterior da substância com o mundo interior do conhecimento não reside no âmbito do mundo da ciência, mas deve ser encontrada apenas no mundo metafísico da espiritualidade. No entanto, como veremos aqui, esses dois mundos estão ligados entre si fora do espaço e do tempo numa única visão de mundo de maneira tão íntima quanto o espaço e o tempo se casam na teoria da relatividade de Einstein-Minkowski. Eles se encontram tão profundamente ligados como a mente e a matéria, como o real e o imaginal. A mente não está no cérebro; o cérebro não está na mente. Num certo sentido, eles podem ser vistos como países fronteiriços, ou como áreas globais ou hemisférios. A partir de perspectivas separadas, pode-se ver que cada um deles está contido no outro. Do lado de fora, eles aparecem como uma unidade.

Até mesmo hoje nós temos dificuldade em acreditar que o mundo imaginal exerce um efeito causativo sobre o mundo real. Por outro lado, temos pouca dificuldade em acreditar que o mundo material influencia o mental. No final das contas, sabemos que as drogas que alteram a mente podem mudar os estados de ânimo, fazer o medo aparentemente se evaporar, e até mesmo permitir que as doenças diminuam. Medicamentos podem transformar um cérebro que sofre de esquizofrenia de modo a libertar uma mente que funciona de maneira aparentemente normal.

A EXTRAVAGÂNCIA DOS ALQUIMISTAS

Atualmente, a fronteira que separa o insano do engenhoso não é muito nítida. Ser considerado "louco" era a desagradável situação em que se encontravam os antigos alquimistas. Uma aura de extravagância irradiava sobre tudo o que os alquimistas tocavam. De fato, para muitos que testemunharam as suas ações, ser alquimista era ser louco.[5] Isso se devia ao fato de que, para realizar seus aparentes milagres, os alquimistas precisavam ir a lugares da mente que poucos ousavam atingir. E aí, de acordo com a lenda, eles tinham de se defrontar com um ser enganador, com um ilusionista, que se postava na fronteira, iluminada pela lua, entre a realidade e a imaginação.

Porém, como os antigos alquimistas realizavam sua aparente magia? Como eles cruzavam a fronteira e se esquivavam do ilusionista sempre presente no limiar? Metaforicamente, eles tinham sem dúvida de ser guiados pela luz da lua. E tinham de esperar para ver o ilusionista que, uma vez reconhecido por eles como uma imagem de si mesmos, os deixava passar.

Sua visão enluarada do mundo, todo o seu modo de ver o mundo, considerava que:

Céu em cima
Céu embaixo
Estrelas em cima

Estrelas embaixo
Tudo o que está em cima
Também está embaixo
Entende isso
E alegra-te.

Os alquimistas viam os mundos superior e inferior como analogias dos mundos interior (pessoal) e exterior (externo), aquilo que nós chamamos hoje de subjetivo e objetivo. Em nossa nova alquimia, esses mundos estão ligados por muitas linhas de história, histórias de possibilidades relacionadas com a idéia da física quântica de *caminhos de ação.* (Explicarei isso mais extensamente nos capítulos 7 e 8.) Está provado que apenas se nos arriscarmos a nos defrontar com o ilusionista em cada ponto ao longo do caminho, poderemos alterar essas linhas de história.

Quando você se move ao longo de sua própria linha de história, os objetos-mentais — os conteúdos de uma realidade virtual no âmbito do domínio subjetivo que, com freqüência, aparecem nos seus sonhos como personagens sombrios — tomam vida e aparecem a você como novas imagens, pensamentos, sentimentos e intuições. Você pode ser varrido por essas imagens como se uma onda poderosa o carregasse.

A linha de história liga o mundo "lá fora" com o mundo "aqui dentro". A onda da vida transporta o eu desde os objetos-mentais da linha de história até o domínio físico, onde ela anima contrapartidas materiais. Então, essas contrapartidas materiais reagem e enviam de volta, ao longo dessas mesmas linhas de história, uma onda de eco que estabelece uma conexão entre a realidade virtual interior e o domínio físico exterior. Essa resposta da onda de eco de iniciação/física à onda imaginal resulta num *loop* no tempo — onde a atividade física ocorre antes *ou* depois que a mente-objeto aparece. Quando a atividade física ocorre depois, você a experimenta como satisfação de desejo. Quando ela ocorre antes, você a vê como *déjà vu* ou tem a sensação interior de saber o que está em vias de acontecer.

Lembre-se do primeiro ser, Adão Kadmon. Dos seus olhos, boca, narinas e ouvidos emanou luz primordial não-confinada. Num grande e avassalador mistério, vasos especiais contiveram essa luz primordial que apareceu do nada. Esses vasos eram matéria primordial ou semental (*seed-like*). Eles foram os primeiros atos de limitação.

Para se tornar esse Adão, você precisa compreender esse mistério da contenção da luz. Você precisa ter acesso à linha de história temporal, ir até o poço imaginal e dar o primeiro passo em direção à magia e a um despertar sagrado. Esse passo foi e é o princípio de *alguma coisa*, e não do *nada*. Ele foi e é o ato primordial da criação. Ele foi e é a formação do mais poderoso instrumento já criado: a palavra.

bayt

ב

Bayt representa qualquer recipiente,
qualquer suporte físico,
qualquer gestalt. É o primeiro divisor
ou separador, ou o divisor
ou separador primário, pois conter ou reter
é separar aquilo
que é retido daquilo que não o é.
Portanto, é o ato primário da consciência
reconhecendo a si mesma.

Se aleph é espiritual, bayt é material.

CAPÍTULO 2

A Palavra: Alguma Coisa a Partir do Nada

Penso que o universo é uma mensagem escrita num código, um código cósmico, e que a tarefa do cientista consiste em decifrar esse código.
Heinz Pagels, físico

Nas cenas de abertura de uma popular série para a televisão da década de 60, que foram exibidas para uma audiência seleta mas perplexa, o herói, conhecido como O Prisioneiro, um sujeito sem nome que, subitamente, deixou o seu emprego num cargo *top-secret* do governo na Inglaterra, é seqüestrado em seu *flat* de Londres e interrogado por um inquisidor antagonista e misterioso.

"Onde estou?", pergunta o prisioneiro.

"Você está aqui", responde o inquisidor.

"Onde é 'aqui'?", prossegue o prisioneiro.

"Isso não importa", diz o inquisidor, "eu sou o número dois, você é o número seis".

"Eu não sou um número", objeta o prisioneiro. "O que você quer?"

"Queremos informação", é a resposta do inquisidor.

Depois do interrogatório e do aprisionamento numa aldeia misteriosa cuja localização é desconhecida, o prisioneiro embarca em várias aventuras perturbadoras, cada uma delas calculada para determinar se ele se curvará ou não às regras da misteriosa organização da qual ele se tornou prisioneiro. O propósito desse clube secreto é forçá-lo a entregar algum conhecimento precioso que o prisioneiro parece não saber, a fim de torná-lo um dente da roda dentada da gigantesca maquinaria que realiza qualquer malefício que a conglomeração oculta decida perpetrar. Nosso herói resiste, naturalmente, mas ao preço da sua própria sanidade.

Num certo sentido, nós nos parecemos com o prisioneiro da história. Vivemos na "era da informação". Fatos e dados aparentemente saltam — metafórica e fatualmente — níveis quânticos, impactando todos nós. Em nosso mundo, conectado em rede pela Internet, embora ninguém duvide da quantidade de informação que existe "lá fora", poucos consideram como ela nos afeta "secretamente": a informação modela a nossa realidade mental, a nossa vida, o nosso corpo e o mundo material que habitamos.

A informação transforma a nossa realidade cotidiana independentemente da nossa ignorância. Ela move e modela os nossos pensamentos e as nossas palavras. Ela constrói o nosso vocabulário. Ela cruza tanto as barreiras da linguagem como as geográficas, criando novas concepções. Ela nos assusta. Ela nos excita. Às vezes, nós sentimos a necessidade de "escapar de tudo isso", significando com isso jornais, o escritório, a televisão e outras mídias. Em outras ocasiões, sentimos a necessidade de procurar essas mídias para ver "o que está acontecendo". A informação nos oferece novos significados para velhas idéias, e ela afeta as maneiras pelas quais conduzimos os nossos relacionamentos com outras pessoas e com nós mesmos — mesmo que nós, como o prisioneiro, nunca tenhamos partilhado da fonte dessa inteligência modeladora e transformadora.

A informação é tanto uma ponte — o meio — como uma mensagem, à la *O Meio é a Massagem* (*The Medium is the Massage*), de Marshall McLuhan.[1] (Sim, a palavra é "massagem", e não "mensagem"; McLuhan brinca com as palavras.) Ela liga dois mundos aparentemente diferentes: o assim chamado mundo *real*, que todos nós sentimos "lá fora", e um mundo a respeito do qual poucos de nós pensam, embora nós o experimentemos todos os dias como totalmente *real* — o mundo *imaginal*. Todos nós experimentamos "aqui dentro" o universo dos nossos sonhos, esperanças e fantasias, o mundo interior. Talvez o que seja ainda mais surpreendente é o fato de a informação (o material do imaginal) não apenas *transformar* o mundo material, mas também *se tornar* esse mundo. O velho adágio "você é o que você come" mudou para "você é o que você sabe", e uma vez que o seu conhecimento, em última análise, depende de qual informação você aceita como "fato", você é aquilo em que você acredita!

O SEGREDO DA INFORMAÇÃO: A PALAVRA

No princípio, de acordo com o que nós atualmente sabemos a respeito das origens, nada havia, absolutamente nada.[2] Mas então, aconteceu algo particularmente miraculoso. A matéria, a antimatéria, a energia, o espaço, o tempo e, o que é mais significativo, a *informação*, foram subitamente vomitados na existência. Foi, aparentemente, uma espécie de golpe de sorte. O universo do *nada*, onde nada havia de melhor para se fazer, criou *alguma coisa*. De acordo com a nossa melhor computação científica, se nós somássemos toda a energia que há no universo, incluindo toda aquela que está contida na matéria e na antimatéria, e incluindo a energia do tipo atrativo da gravidade, nós ficaríamos com um grande zero. Tudo soma nada. Porém, se nós somássemos toda a informação do universo, em lugar algum ela apareceria próxima de zero. Na verdade, ela é infinita. E é onde os seres humanos entram em cena.

Quando essa primeira cortina se abriu no Teatro Mágico de Deus, um grande vazio apareceu. E então, de acordo com um mito chamado de Ciência, o vazio explodiu no *big-bang*. De acordo com outro mito chamado de Bíblia, no princípio era a Palavra, e a Palavra estava com Deus e a Palavra era Deus.[3] Esses pontos de vista aparentemente muito diferentes — esses mitos chamados de o *big-bang* e a Palavra — parecem totalmente inconciliáveis: um deles lida com o universo físico da matéria e da energia, e o outro com o universo mental da mente e da informação. Porém, poderiam essas duas visões estar, na verdade, dizendo a mesma coisa? Poderia ser que, de alguma maneira, o que nós descrevemos a respeito do universo — como nós o exploramos para dele extrair significado, como nós determinamos o que ele é e o que ele está fazendo — estabelece o próprio universo a cujo respeito nós falamos e escrevemos? Será que o ato de aprender alguma coisa, convertendo as nossas experiências em *significativos* símbolos de discurso, cria tanto a coisa física que está sendo observada como as leis da ordem que ela parece obedecer?

As respostas a essas e a outras perguntas virão de uma harmonização da relação entre o mundo do "aqui dentro" da informação, do significado e do conhecimento com o mundo "lá fora" da matéria, da energia e da existência. Essa reconciliação é precisamente aquilo que eu entendo por uma *nova alquimia*.

PAUS E PEDRAS: *BITS* DE CONHECIMENTO

Onde começa uma tal aproximação? Começa com palavras e com o ato de nomear coisas. Lembro-me, às vezes dolorosamente, dos nomes com que nós garotos costumávamos chamar uns aos outros. Embora todos nós conhecêssemos o *jingle* "paus e pedras quebrarão os meus ossos, mas palavras nunca irão me ferir", com freqüência descobríamos palavras que nos feriam, e que às vezes deixavam feridas e cicatrizes dolorosas que talvez nunca tenham se curado. "Dick é um retardado"; "Fred é um judeu sujo"; "Sua mãe é uma porca gorda". Tenho certeza de que se você escavar o seu próprio passado, você também se lembrará de momentos vívidos e dolorosos de aviltamentos rancorosos um tanto semelhantes. Palavras podem ferir e de fato ferem.

Na década de 1960, quando a questão do direito das minorias estava se tornando um importante tópico de discussão, muitas pessoas achavam que até mesmo falar a respeito de questões raciais era ofensivo. O comediante Lenny Bruce, que era conhecido pela sua linguagem escatológica, utilizava deliberadamente termos insultuosos raciais quando a sua audiência consistia em grande medida de membros da minoria racial específica à qual as palavras depreciativas eram arremessadas. Ele repetia uma palavra ofensiva até que ela se tornasse um mantra sem significado. Então, ele explicava à sua insultada audiência que uma palavra é apenas um som; tudo depende de como a audiência, ou o indivíduo, reage ao som. Ele explicava que quando permitimos que as palavras detenham poder sobre nós, quando atribuímos significação emocional negativa ou atemorizante às palavras, nós sofremos. Desse modo, não deixando que as palavras invoquem imagens, elas perdem o seu poder e se tornam sons destituídos de significado.

Bem, isso pode ser fácil de dizer, mas, como todos nós sabemos, as palavras podem deixar, e de fato deixam, suas marcas em nós. Em seu livro *Refiguring Life* (Repensando a Vida), Evelyn Fox Keller assinala que "a noção segundo a qual as palavras são uma coisa, e as ações são outra, foi radicalmente solapada quando o lingüista J. L. Austin expôs a sua teoria do ato discursivo numa série de conferências proferidas na Universidade de Harvard intituladas *How to Do Things with Words* (Como Fazer Coisas com Palavras)".[4] Austin mostrou que as palavras não são sempre descritivas mas, com freqüência, provocam ações. Exemplos disso incluem promessas de casamento, declarações de guerra, ou a clássica frase de Jimmy Cagney: "Tome isto, seu rato sujo." Keller chega até a afirmar que toda linguagem provoca ação e isso inclui também a linguagem científica.[5]

Mas como? Como uma palavra pode me ferir?

Isso não era um mistério para os antigos alquimistas. Eles viam o mundo físico no qual vivemos, e o qual reconhecemos como estando objetivamente "lá fora", apenas como uma parte de um imenso sistema de outras realidades ligadas com o mundo físico. Sendo mundos não-físicos, poderíamos pensar que os cientistas tenderiam a rejeitá-los. Mas isso seria um sério engano, tão sério quanto acreditar que apenas paus e pedras quebram ossos.

O *IT* QUE VEM DO *BIT*?

A física quântica e os modernos computadores acrescentam uma nova visão a respeito de como as nossas palavras — o estofo da nossa mente — alteram e modelam o mundo que todos nós temos a certeza de que está "lá fora". Na verdade, não existe um "lá fora" lá fora a não ser que haja, antes de mais nada e primordialmente, um "aqui dentro" exercendo uma ação — e uma ação que tenha um profundo efeito transformador — no mundo "lá fora". *Não existe realidade sem uma percepção da realidade* é a primeira regra da física quântica, de acordo com o físico visionário John A. Wheeler. A partir desse ponto de vista, um objeto é qualquer coisa que os seus *seis* sentidos (visão, tato, paladar, audição, olfato e "mentação" (*minding*), utilizando a noção budista de mente como um sentido) dizem a você que ele é.

A descrição de um objeto define a fronteira entre as realidades objetiva e subjetiva. Pelo menos metade da minha experiência parece estar no mundo interior indescritível da minha mente. Cada um de nós partilha em segredo desse mundo como se nenhum outro estivesse presente. A nova alquimia põe em questão essa suposição simples. A partir de um novo ponto de vista alquímico, o território desconhecido da minha mente — do qual eu estou aparentemente partilhando em segredo, e não você — é o mesmo que o da mente onde você ingressa. Cada um de nós experimenta uma única mente.

Nisso reside um segredo para a transformação alquímica. Essa imensa terra do imaginal não é sua e exclusivamente sua, mas é o mesmo território onde todas as formas de vida sensíveis ingressam — até mesmo formas de vida que não falam. Quando você perambula por esse reino interior da mente una, descobre que os outros viajantes são invisíveis.

Esse mundo interior, que os velhos alquimistas procuravam, pode ser agora entendido utilizando-se uma linguagem nova e talvez universal. É a linguagem do "*bit*", um pedacinho único de informação, um minúsculo interruptor que aponta para cima ou para baixo e indica um simples "ligado" ou "desligado", um simples dígito isolado de um ou zero, tudo ou absolutamente nada. Deixeme explicar um pouco a respeito de *bits*.

A noção de *bits* provém do vernáculo utilizado para descrever informação no moderno computador. *Bits* são dados do tipo mais simples. Um *bit* tem o valor zero ou o valor um. É isso aí. Cadeias de *bits*, tal como *0-0-1-1-1-0*, e assim por diante, podem representar números, códigos, instruções, figuras, objetos em movimento, realidades virtuais tridimensionais e, se alguns cientistas estiverem corretos, até mesmo a própria realidade.

Pode-se conceber qualquer computador como um dispositivo de perfuração e de reparação de buracos constituído por três rolos de fita de papel muito longa que roda dentro dele. Cada fita é dividida em quadrados de igual tamanho que se distribuem ao longo da extensão da fita. Cada quadrado contém um único *bit*, indicado por uma perfuração no papel ou pela ausência de uma perfuração.

A fita do primeiro rolo, *os dados*, penetra na máquina através de uma fenda. Em seguida, esses dados são lidos por um sensor de luz que detecta se o quadrado no papel foi perfurado ou não.

A fita do segundo rolo, *o programa*, roda através de outra fenda e contém instruções que dizem à máquina o que fazer com os dados. Essas instruções são, elas mesmas, apenas *bits* que correm seqüencialmente ao longo da fita. Por exemplo, se uma seqüência de quatro *bits* na fita do programa contém uma cadeia de *1-1-1-1*, o computador poderia simplesmente seguir as instruções: "Leia a fita 1. Se você ler o *bit 1*, perfure um orifício na fita 3 e avance a fita 3 em um quadrado; se você ler o *bit 0*, não perfure um orifício na fita 3 e avance a fita 3 em um quadrado." Se a fita 2 tivesse uma cadeia diferente de quatro *bits*, digamos *1-0-0-1*, o computador seguiria um diferente conjunto de instruções. Por exemplo: "Leia a fita 1. Se você ler um *1*, avance a fita 2 em três quadrados; se você ler um *0*, retraia a fita 2 em quatro quadrados."

A fita do terceiro rolo, *o resultado* (ou *output* na gíria), é desenrolada para fora da máquina através de uma terceira fenda. Seus quadrados são normalmente vazios e só são perfurados, reparados ou deixados como estão pela máquina quando ela "lê" os dados na fita 1 e faz algo com eles de acordo com as instruções na fita 2. No final da computação, a fita *output* contém uma seqüência de novas informações geradas pelos dados brutos da fita 1 e pelo programa da fita 2.

A coisa surpreendente a respeito desse "computador" simples é que ele descreve todos os computadores possíveis.[6] Os orifícios perfurados ou a ausência deles em todas as fitas simplesmente representam *0*s ou *1*s, ligados ou desligados, ou pontos ou traços. Surpreendentemente, esse conjunto básico de informações que consiste numa cadeia de *bits* isolados permite que aviões recebam instruções a respeito de como voar, automóveis a respeito de como dirigir, e pessoas, se a nova biologia estiver correta, a respeito de como viver.

O *bit*, a coisa menor e mais simples que podemos imaginar, faz a primeira distinção. Ele mostra como uma coisa é distinta de qualquer outra coisa. Na moderna tecnologia dos computadores, ele é universalmente reconhecido como a unidade fundamental desse enorme sistema de conhecimento. Até onde nós atualmente entendemos, qualquer coisa objetiva é redutível a *bits* de informação arranjados em seqüências. Se os arranjarmos no tempo, teremos o telefone, o rádio, *A Sagração da Primavera*, de Stravinsky, "I Am the Walrus", dos Beatles, e cada pensamento ou sentimento que já ocorreu ou que ocorrerá. Se os arranjarmos no espaço, teremos *A Vigília Noturna*, de Rembrandt, *Guernica*, de Picasso, a distância da Lua e fotografias da superfície de Marte. Se os arranjarmos no tempo e no espaço, teremos a televisão moderna, Ingrid Bergman em *Casablanca* e, talvez, com o advento da tecnologia da realidade virtual, o aparecimento de mundos imaginais tridimensionais onde cada um de nós poderá ingressar.

Aqui, vemos que os *bits* constituem a base para todas as distinções nos computadores. Em neurofisiologia, se poderia imaginar que os sistemas nervosos e os cérebros sentem *bits*. *Bits* transformam-se em experiências, da mais elevada à mais baixa, da mais simples à mais complexa. *Bits* arranjados no espaço e no tempo tornamse informação "lá fora", no mundo objetivo. Experimentados como pensamentos e sentimentos, eles constituem a informação do nosso mundo imaginal "aqui dentro". Uma seqüência de *bits* isolados cria a distinção entre o "aqui dentro" e o "lá fora". Pois, sem informação, como sabemos que o que está "lá fora" se distingue do que está "aqui dentro"?

QUEM ESCREVEU O PROGRAMA?

O físico John A. Wheeler chama a base de informação para essa nova alquimia de *it* que vem do *bit*.[7] "*It*" que vem do "*bit*" se refere a como uma coisa, um "*it*", emerge de uma simples resposta "sim" ou "não" — um "*bit*" de informação. Soa simples, mas, não obstante, eu descubro alguma coisa escondida na descrição acima. Se tudo é feito de *bits*, como o computador que sente esses *bits* foi inicialmente construído? Por exemplo, o que deu a ele a instrução para reconhecer que uma seqüência de quatro *bits* na fita 2 (programa) significava que um único *bit* na fita 1 (*input*) deveria ser lido e que uma única ação envolvendo a fita 3 (*output*) e a fita 2 (programa) seria realizada?

No moderno linguajar dos computadores, isso é conhecido como o problema *bootstrap*. A noção de *bootstrap* (alça da bota) vem do ditado: "Erguer-se pelas alças das próprias botas." Cada vez que você inicializa o seu computador, ele segue um conjunto básico de instruções que são, por assim dizer, *hardwired* [instaladas como se fossem fiação], ou *bootstrapped*, dentro do computador. Essas instruções precisam "viver" quando você liga o interruptor que permite que a eletricidade ingresse em sua máquina. O computador precisa saber, por exemplo, que ele precisa ler a fita de entrada (*input*).[8] O programa *bootstrap*, essencialmente, torna o computador pronto para aprender e para executar as suas funções. Em essência, o computador "sabe" o que ele precisa fazer com programas, como "entrar" (*to input*) informações e como "sair" (*to output*) resultados.

Imagine que você é Deus e que está no topo de uma montanha, em algum lugar, com todo o tempo, o espaço, a matéria e a vida diante de você. Agora, suponha que você queira criar um universo de vida inteligente. Você quer que a vida sinta como se algo importasse, como se algo na vida fosse importante, como se algo fosse mais importante do que algo mais o é. Em outras palavras, a vida que você está criando precisa ter um propósito.

Portanto, você imagina formas de vida que têm capacidade para aprender e para evoluir no tempo, para crescer e para se tornar mais inteligentes. Porém, como você irá realizar esse milagre? Como irá engendrar a vida e dar a ela a capacidade para crescer e para aprender?

Bem, não sei como criar vida a partir do nada, mas permita-me arriscar a suposição de como eu poderia fazê-lo se eu fosse Deus. Eu precisaria estabelecer apenas as instruções *bootstrap* corretas. Essas instruções precisariam ser inteligíveis o bastante para que, uma vez começadas, formas de vida simples pudessem aprender, em essência, como ler um programa, como ler dados introduzidos nos programas, e como produzir os resultados desses programas, para si mesmas e para outras formas de vida nas redondezas. O programa também teria de ser simples o bastante para que as mais simples formas de vida que eu pudesse imaginar fossem capazes de segui-lo. Atualmente, tais programas poderiam ser chamados de instintos, mas é difícil considerar todas as formas de vida como tendo os mesmos instintos.

Ou não é?

ghimel

ג

Ghimel representa o movimento — o movimento de todos os bayts (matéria) que contêm aleph (espírito). A fim de que o movimento exista, o espaço-tempo é necessário; assim, ghimel pode ser visto como a semente primária do espaço-tempo. E ghimel não é possível sem aleph e bayt.

Aleph, bayt e ghimel são as sementes primárias das quais matéria-espaço-tempo, a assim chamada arena da existência, se manifesta.

CAPÍTULO 3

A Mente no Corpo: O Desejo de se Mover

Sua mente está em cada célula do seu corpo.
Candace Pert, neurobióloga

Talvez o nosso instinto primário como seres humanos consista em tornar o mundo distinto — em colocar distância entre as coisas. Mencionados pela primeira vez por Empédocles (450 a.C.), os antigos alquimistas gregos (outros poderiam chamá-los de filósofos) distinguiam a terra, o fogo, o ar e a água como os elementos fundamentais nos objetos. Eles afirmavam que cada coisa no universo é constituída de diferentes combinações desses elementos fundamentais. Quando os alquimistas praticavam a sua arte, eles transformavam, ou libertavam, os elementos das suas composições, fazendo-os retornar aos seus lugares naturais no universo.

Sob a mão norteadora do alquimista, os elementos podiam ser recombinados em novas formas de matéria simplesmente movendo-os para novos locais ou mudando as suas qualidades. Reconhecendo as antigas leis do movimento, novas formas podiam ser criadas.

Cerca de cem anos depois de Empédocles, Aristóteles afirmou que cada um dos elementos fundamentais compõe-se de uma mistura de duas qualidades tiradas de uma lista de quatro: quente, seco, úmido e frio. Desse modo, o fogo é seco e quente; o ar é quente e úmido; a água é úmida e fria; e a terra é fria e seca. Então, para transformar uma substância, precisaríamos mudar as qualidades dos elementos que formam a substância. Por exemplo, expulsando a umidade da água, sua qualidade oposta, o *seco*, emergiria, convertendo a água em gelo. Acrescentando a qualidade *quente* ao gelo, o frio é expulso, convertendo o gelo na substância que é *quente* e *úmida*, a saber, o vapor, ou ar. Expulsando a umidade do ar, ficaríamos com algo que é *seco* e *quente*, a saber, o fogo.

Todo objeto material é uma mistura de diferentes quantidades dos elementos fundamentais, fogo, ar, água e terra. Entregues às suas próprias inclinações, os objetos se moviam de acordo com a lei fundamental: cada elemento se dirigia ao seu lugar natural. Desse modo, quando um objeto era decomposto, ele se dividiria em seus elementos naturais, e esses, por sua vez, se moveriam de maneira correspondente.

O fogo, sendo o elemento mais leve, procura naturalmente se encaminhar para os céus acima. O ar, sendo mais pesado do que o

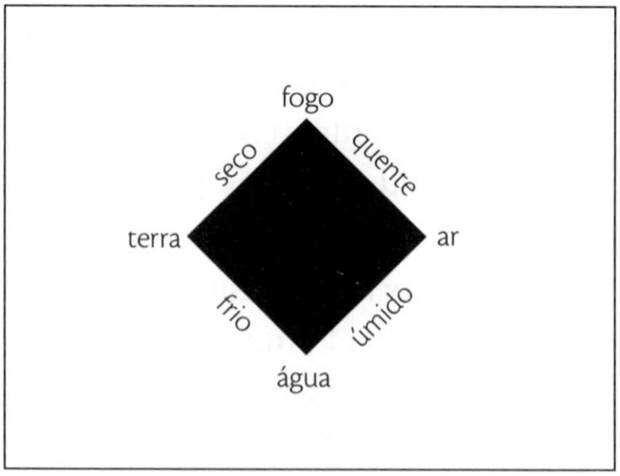

Figura 3.1. A Antiga Alquimia Grega

fogo, porém mais leve do que a água, subiria acima da água e da terra, mas não subiria tão alto quanto o fogo, que, conforme se imaginava, alcançava as estrelas. A água procurava o seu lugar natural abaixo do ar, mas flutuava sobre a terra. E a terra, o último elemento material, era o fundamento de toda substância material. Essa era a lei natural.

No entanto, algo estava ausente da explicação de Aristóteles, a quintessência, o espírito quintessencial que impedia que os indivíduos fossem completamente engolidos pela deterioração sempre persistente nos primeiros quatro elementos. De alguma maneira, em oposição às leis naturais da decadência, os seres vivos se formavam e eram capazes de se mover, resistindo ao movimento irrestrito que seguia a lei natural da decomposição que, no final, os esperava sempre na morte. Esse movimento era arquetípico, fundamental e vital.

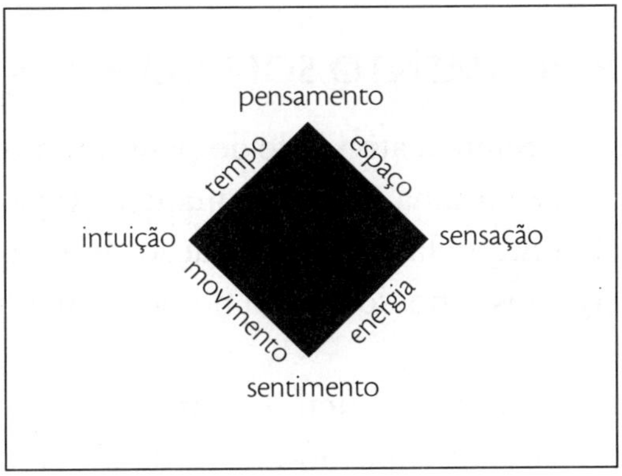

Figura 3.2. A Nova Alquimia

As criaturas vivas utilizavam-se de algo para superar a lei natural. Porém, o que era essa misteriosa essência? Os velhos alquimistas a conheciam como a *quintessência* — a quinta essência — da vida. Os novos alquimistas a conhecem como *espírito*, com sua qualidade motivada pelo *desejo*.

OS QUATRO AXIOMAS DO DESEJO

A partir do ponto de vista do novo alquimista, o desejo fornece a base fundamental para toda transformação. Para evoluir, nós precisamos desejar. As regras do desejo controlam tudo. E, para trabalhar com o desejo, precisamos conhecer os quatro axiomas do desejo:

1. Se pensamos, nos tornamos tempo (pensamento → tempo).

2. Se temos sensação, nos tornamos espaço (sensação → espaço).

3. Se sentimos, nos tornamos energia (sentimento → energia).

4. Se intuímos, nos tornamos movimento (intuição → movimento).

Agora, vamos examinar esses quatro axiomas individualmente.

AXIOMA 1: PENSAMENTO SOBRE O PENSAMENTO

O axioma 1 se refere à atividade do pensamento. Quando pensamos a respeito de alguma coisa, de maneira vaga, sem nos concentrarmos realmente nela, nossa sensação de tempo desaparece. Quando nós vertemos o nosso desejo no pensamento, nós nos tornamos tempo.

Tornar-se tempo não é difícil. É como entrar no fluxo de um rio e nos permitir movimentarmo-nos juntamente com ele. Quando fluímos com o rio, a água que parecia estar passando por nós em disparada quando estávamos de pé na praia subitamente se torna tranqüila e imóvel. Acontece o mesmo quando entramos no rio do pensamento. Perdemos a noção do tempo simplesmente porque nós nos tornamos ele.

A teoria da relatividade nos diz que o tempo não é absoluto. Intervalos de tempo fixos, digamos em unidades de um segundo, não são iguais para um relógio em movimento e para um relógio em repouso. Quando uma coisa se movimenta mais depressa e se aproxima da velocidade da luz, um intervalo de tempo de um segundo se alonga, cobrindo intervalos de tempo cada vez maiores, conforme determinados pelo relógio que está em repouso. Na velocidade da luz, o tempo fica tão lento que pára completamente. Ou, dizendo isso de outra maneira, qualquer intervalo de tempo, independentemente de quão curto ele seja, estende-se até o tempo infinito medido por um relógio em repouso. E assim acontece quando nós entramos no pensamento.

Essa é a relatividade do tempo. O tempo é sentido em batidas. A capacidade de "sentir o tempo" é fundamental para a experiência humana. Quando nós sentimos o tempo, isso significa que comparamos uma *nova seqüência de experiências* (NSE), novas batidas, com uma *seqüência* [já] *mapeada de experiências* (SME), velhas batidas. Usualmente, a SME é bem-conhecida, como, por exemplo, quando você observa o seu relógio de pulso de tempos em tempos, ou o simples tiquetaque de um relógio, ou o simples cliqueticlec das rodas nos trilhos quando você viaja de trem. Se a NSE consiste em perambulações da mente, com alguns pensamentos a respeito do que estamos pensando, e nós então compararmos essa NSE com a SME, sentiremos como se o tempo passasse muito depressa. Na figura abaixo, vemos doze SMEs (🕐 eventos) que duram aproximadamente a mesma quantidade de tempo que seis NSEs (☺ eventos).

SME 🕐 🕐 🕐 🕐 🕐 🕐 🕐 🕐 🕐 🕐 🕐 🕐 (12 🕐 eventos)
NSE ☺ ☺ ☺ ☺ ☺ ☺ (6 ☺ eventos)

Por outro lado, se você tiver uma seqüência de rápidos "pensamentos preocupantes", então ocorrem eventos do tipo *pensamento sobre o pensamento* (PSP). Quando ocorrem muitos eventos PSP, e em seguida você compara essa seqüência PSP com a mesma SME, você sentirá como se o tempo passasse muito lentamente. Por exemplo, veja a figura abaixo. Ela indica o tempo passando muito lentamente para o pensador PSP.

SME 🕐 🕐 🕐 🕐 🕐 🕐 🕐 🕐 🕐 🕐 🕐 🕐 (12 🕐 eventos)
NSE ☹☹☹☹☹☹☹☹☹☹☹☹☹☹☹☹☹☹☹☹☹☹☹☹☹☹ (26 ☹ eventos)

Nós sempre comparamos experiências PSP com outras experiências, usualmente com a SME, para determinarmos o "tempo". Desse modo, o sentido subjetivo do tempo, sem referência a qualquer relógio ou ao SME, seria o mesmo para as duas seguintes NSEs PSP:

SME 🕐 🕐 🕐 🕐 🕐 🕐 🕐 🕐 🕐 🕐 🕐 🕐 (12 🕐 eventos)
NSE 1 ☺ ☺ ☺ ☺ ☺ ☺ (6 ☺ eventos)
NSE 2 ☹☹☹☹☹☹ (6 ☹ eventos)

Quando nós comparamos a NSE 1 com a NSE 2, uma vez que cada uma delas consiste em seis eventos PSP, elas aparecerão a nós como se durassem a mesma quantidade de tempo subjetivo. Porém, quando nós comparamos a NSE 1 com a referência acima, SME, reconhecemos a NSE 1 como tempo que passa rapidamente, uma vez que doze eventos SME ou tiques do relógio ocorreram em comparação com seis observações NSE 1 de PSP. De maneira semelhante, quando você compara a NSE 2 com SME, você reconhece a NSE 2 como tempo passando lentamente, uma vez que seis eventos NSE 2 ocorreram em comparação com, talvez, três tiques do relógio, tal como é visto na SME.

Isso reflete aquilo que eu chamo de caminhos complementares, nos quais você pode observar os seus próprios pensamentos.[1] A partir da física quântica, sabemos que não podemos observar simultaneamente a posição e o *momentum* de nenhum objeto. Parece que a mesma regra também se aplica aos nossos processos de pensamento. Presumivelmente, P (o pensamento) requer o movimento de partículas (talvez elétrons) no cérebro e no sistema nervoso, embora o PSP requeira a comparação de uma experiência P com outra. Desse modo, P e PSP não podem ser efetuados simultaneamente; eles são complementares um do outro. Uma experiência P emerge da observação, feita de alguma maneira, de posições de elétrons, ao passo que uma experiência PSP surge, de maneira semelhante, da observação de *momenta* de elétrons. Com experiências PSP nós comparamos uma experiência P com outra experiência P numa ocasião posterior. A comparação de um evento P com outro anterior a ele precisa ocorrer para que emerja um sentido de fluxo ou de *momentum*.

Desse modo, o fato de nós não experimentarmos nenhuma sensação de tempo quando estamos ativamente empenhados em pensar nos diz que o tempo e o pensamento são a mesma coisa — eles medem a mesma qualidade do universo. Isso se assemelha a entrar no rio fluente do tempo e deslocar-se com ele. Embora nos desloquemos, não sentimos o movimento da corrente. Apenas quando abandonamos a corrente ou lutamos contra ela — quando pensamos a respeito daquilo em que estamos pensando — nós o sentimos. Se nós externamos essa qualidade, nós a chamamos de tempo; se nós a internalizamos, nós a chamamos de pensamento.

AXIOMA 2: PENSAMENTO SOBRE A SENSAÇÃO

Como acontece com a palavra "sentimentos" (*feelings*), quando eu me refiro a "sensações" (*sensations*), estou me referindo à maneira como Carl Jung usava a palavra.[2] Sensações envolvem movimentos de elétrons ou de outras partículas eletricamente carregadas de um lugar para outro. Uma sensação implica a existência de um evento ou de um fator perturbador, tal como a picada de um alfinete na pele ou uma molécula de açúcar pousando numa papila gustativa. Sensações incluem vibração, calor, frio, sabor, aroma, visão e som. Para que uma sensação emerja, alguma localização no corpo precisa registrá-la. A pele, por exemplo, registra a localização de picadas ou de calor; a língua registra a sensação do paladar. Sensações correspondem à operação de física quântica de localizar alguma partícula em algum dispositivo de registro no corpo, em geral uma terminação nervosa. Desse modo, para sentir alguma coisa nós precisamos nos tornar cientes da *extensão espacial*. Nossos sentidos nos dizem que temos um corpo. Nosso corpo é um mecanismo sensor de espaço.

Swami Yogananda, ao descrever as várias ligações entre modificações e funções mentais normais nos sistemas Sankhya e iogue, nos ajuda a entender esse mecanismo sensor de espaço: "Os diferentes estímulos sensoriais aos quais nós reagimos, tátil, visual, gustativo, auditivo e olfativo, são produzidos por variações vibratórias em elétrons e prótons."[3] E a entidade desencarnada Seth, no livro *The Unknown Reality* (A Realidade Desconhecida),[4] de Jane Roberts, descreve o ego como especializado em expansões do espaço e nas suas manipulações. O ego emergiu em ambientes tribais como uma especialização necessária; ele permitiu que dados provenientes dos sentidos fossem diferenciados emocionalmente e *de outro modo*. Formaram-se tribos, nas quais se considerava que os membros estavam dentro ou fora da tribo. Essa consciência tribal foi o primeiro ego grupal. Mais tarde, a consciência não foi capaz de manipular o ego tribal como ele era, e a individuação começou a ocorrer. Esse processo dependeu da cooperação entre os membros da tribo. Desse modo, o ego individual surgiu como um acordo entre os membros tribais.

AXIOMA 3: PENSAMENTO SOBRE O SENTIMENTO

Muitos físicos acreditam que toda matéria é, em última análise, composta de luz aprisionada. Essa crença está incorporada na famosa equação da energia/massa de Einstein, $E = mc^2$. Aqui, a noção surge do fato de que cada partícula de matéria tem uma partícula de antimatéria que é a sua imagem de espelho. Quando uma partícula de matéria interage com sua partícula imagem de espelho, ela sofre um processo chamado de aniquilação de matéria/antimatéria, cujo resultado é a produção de luz ou energia sem massa. Desse modo, matéria é luz aprisionada.

Num dos meus livros anteriores, *Star Wave*[5], eu propus, em nível especulativo, que sentimentos humanos tais como o amor e o ódio poderiam ser descritos em função de sentimentos de base simples e primitivos. Esses sentimentos de base são encontrados nas transformações energéticas de matéria/luz entre elétrons e fótons — partículas de luz. O ódio, por exemplo, é explicado como uma propriedade estatística quântica dos elétrons — dois elétrons jamais podem existir no mesmo estado quântico. Enquanto o amor, por outro lado, é explicado em função do comportamento estatístico quântico dos fótons — todos os fótons tendem a se mover para o mesmo estado se lhes for dada a oportunidade. Desse modo, num sentido físico, a frase "luz é amor" é mais do que uma metáfora.

Então, poderíamos dizer que a razão pela qual todos nós sofremos de solidão e de outros tipos de dor humana associada com o nosso corpo material tem origem nas tendências/propriedades de ódio/isolamento dos elétrons. Esses elétrons são, num certo sentido, luz aprisionada. Eu especulo que os elétrons "sentem" alguma forma de sofrimento quântico — um anseio por se tornar luz mais uma vez. Quando um elétron se encontra com seu companheiro de antimatéria, o pósitron, as duas partículas aniquilam-se mutuamente, produzindo a luz de freqüência extremamente alta conhecida como raios gama.

Eu acredito que todos os nossos sentimentos e emoções humanos estão arraigados nessas propriedades físicas simples da transformação da matéria e da energia, e que os sentimentos humanos podem ser explicados considerando-se as propriedades grupais de muitos elétrons no corpo humano.

Pode-se pensar que cada elétron em cada átomo de matéria tem propriedades clássicas bem-definidas, tais como carga elétrica, massa, *spin*, momento magnético, inércia e localização no espaço. No entanto, o último atributo é suspeito. Essa suspeita deve-se à dualidade onda-partícula de toda matéria — a natureza quântica do mundo físico. Pode-se imaginar melhor os elétrons concebendo-os como "eventos com atributos", e não como objetos com propriedades. Em outras palavras, o elétron é um constructo do pensamento humano. Uma vez que o pensamento humano está limitado às impressões imediatas dos sentidos e uma vez que a física quântica está baseada em um mundo que fica além de tais impressões, nenhum de nós pode saber o que um elétron realmente é. Considero isso como uma condição necessária e suficiente para a existência do mundo físico: *O mundo físico existe simplesmente porque a mente não pode jamais conhecê-lo completamente.*

AXIOMA 4: PENSAMENTO SOBRE A INTUIÇÃO

Você tem uma intuição natural. Como Jung se expressou:

> As coisas têm um passado e têm um futuro. Elas provêm de algum lugar, elas vão para algum lugar, e você não pode ver de onde elas vêm e não pode saber para onde elas vão, mas você pode ter o que os norte-americanos chamam de *hunch* (pressentimento).[6]

Em linguagem simples, a intuição reflete a sua capacidade de saber aonde você está indo e o que irá fazer em seguida. Se você não tivesse esse sentido natural, a capacidade de intuir, não poderia sequer dar um só passo, dirigir um automóvel, e, por isso, não poderia proferir nem mesmo uma única sentença. A intuição é a sua capacidade de sentir o movimento, e o movimento é a chave para a mudança e a transformação. O movimento, quando ele se refere a mudança espacial, se reflete em nossa capacidade de reconhecer a mudança como uma diferença com relação àquilo que não mudou. Nós medimos isso com o nosso sentido de movimento ondulatório e com nossa medida do comprimento de uma onda.

A intuição também emerge do desejo. Porém — e essa é a chave — a intuição não é realizada a não ser que haja alguma mudança no pensamento. Uma mudança precisa ocorrer.

"LÁ FORA" E "AQUI DENTRO"

A partir de um panorama materialista físico, o estofo do mundo altera e modela a mente, que (como todos nós tomamos como certo) está "aqui dentro". Esse aspecto observacional *solar* da ciência moderna diz que existe uma realidade *independente* da maneira como alguém ou alguma coisa pensa a respeito dela. Essa realidade evolui sem qualquer ajuda de alguém para guiá-la ao longo do seu destino probabilístico darwiniano. De fato, de acordo com esse ponto de vista, a própria mente é um epifenômeno que emerge da atividade elétrica que ocorre dentro de formas de vida celulares baseadas no carbono. Uma vez que a mente emerge da matéria, ela não tem o poder nem a capacidade de mudar a matéria. Todas as aparentes mudanças voluntárias que as pessoas fazem na própria vida são apenas miragens; de acordo com as leis da evolução de Darwin, o verdadeiro poder de transformação provém do interior da própria matéria.

Em conseqüência disso, a matéria e a energia estão destinadas a fazer o que elas fazem. Uma pessoa tem tanto poder para mudar esse destino como tem de impedir o Sol de brilhar. O que governa tudo é o destino cego, surdo e mudo. Se quisermos chamar isso de

"Deus", poderemos fazê-lo, mas aqui Deus é, na melhor das hipóteses, um proprietário de terras ausente, e estaremos vivendo na ilusão se acreditarmos que poderemos mudar alguma coisa. Nossas ações são os caprichos de uma forma de vida, seguindo padrões de atividade elétrica postos em movimento há milhões de anos, quando nós evoluímos a partir do grande mar tempestuoso onde ser humano algum jamais existiu. A inteligência é uma ilusão. A mente é um rótulo conveniente para se colar nos processos invisíveis que nós, lentamente, estamos começando a entender como processos objetivos.

Por que esse ponto de vista tem um tal séqüito de crentes? Porque nós podemos observar forças de causa-e-efeito objetivas em movimento e podemos mapeá-las em nossa mente. Porém, embora esteja totalmente ausente do nosso moderno ponto de vista científico, não obstante a sua óbvia necessidade, a verdade do ponto de vista alquímico está se tornando evidente para uma escala mais ampla da sociedade. Atualmente, muitos filósofos e psicólogos sentem que a alquimia dos antigos é uma metáfora para a transformação de um ser humano em algo novo e mais espiritual. O psicólogo junguiano Edward F. Edinger assinala que as introvisões de Jung das íntimas profundezas da psique estabelecem a existência desta última, sem dúvida, como uma série de fatos objetivos constituindo aquilo que ele, Edinger, chama de *anatomia da psique*.[7] Essa anatomia é construída a partir de imagens arquetípicas, que atuam como dispositivos alquímicos e aceleram a evolução humana em seu curso.

Ao mesmo tempo que filósofos e psicólogos estão chegando a essas novas conclusões, a física quântica e os computadores modernos acrescentam uma nova visão a respeito de como as nossas palavras — o estofo da nossa mente — alteram e modelam o mundo que, como todos nós tomamos como certo, está situado "lá fora". Nessa visão, não existe "lá fora" a não ser que, antes de mais nada, haja um "aqui dentro" em ação — um efeito mais profundo, transformador — sobre o mundo "lá fora".

No Capítulo 2, eu assinalei a primeira regra da física quântica: *Não existe realidade sem percepção da realidade*. Eu também expliquei que um objeto é qualquer coisa que os *seis* sentidos — visão, tato, paladar, audição, olfato e mentação, usando a noção budista de sentidos, nos dizem que ele é. A essa regra, eu acrescento a seguinte: Não há *nova* realidade sem uma *nova* percepção da realidade. Aqui, nós examinamos como sitiar as imagens interiores encontradas naquelas linhas de história mencionadas no Capítulo 1. Assim como os antigos alquimistas, precisamos da nossa "extravagância lunática" para nos tornarmos iluminados, para ver as coisas como criação. Não existe uma tal coisa que chamamos de realidade absoluta, suprema. Não pode existir porque cada pessoa precisa perceber a "realidade", e a percepção é sempre afetada por aquilo que cada pessoa utiliza no ato da percepção. Esse é o aspecto observacional, *lunar*, da física quântica.

Porém, como podemos mapear essa paisagem interior testemunhada de modo tão singular? Talvez isso seja uma tolice e nunca haverá uma descrição dos seus lugares escondidos e secretos. Talvez um ilusionista postado sobre a sua fronteira esteja lá para nos dizer isso. Ou talvez precisemos fazer um novo esforço para nomear coisas invisíveis — coisas que estão atrás da cortina do mágico. Precisamos mostrar ao ilusionista alguns novos truques.

Sugiro que é possível que a procura pela *matéria-prima* esteja finalmente encerrada; que no nosso âmago mais profundo está o meio para transmutar a vida ordinária e mortal numa nova visão da imortalidade e da espiritualidade eterna; e que a resposta para a transformação reside na nossa psique — nos nossos pensamentos e sentimentos, em particular na maneira como eles lidam com o mundo objetivo que nós acreditamos de maneira tão fervorosa que está "lá fora". Temos o meio para transmutar a nossa vida graças a um novo entendimento da informação, e de como utilizamos essa informação.

dallet

ד

Dallet representa resistência ou resposta ao movimento. Ele aparece como a interação entre objetos materiais em estados de movimento. Ele responde a todo ghimel (movimento) dos bayts (matéria) que contêm aleph (espírito).

Dallet aparece como a inércia comum dos materiais e desempenha um papel vital no universo. É a resposta gravada, ou resistência, que é continuamente oferecida a ghimel (movimento). O prefixo re — como ocorre em palavras como revocar, relembrar, resistir ou resposta — é puro dallet.

CAPÍTULO 4

Inércia: A Resistência Misteriosa

Um passo para a frente, dois passos para trás.
Vladimir Lênin
a respeito da Revolução Russa

"Penso, logo existo." Ou seria: "Existo, logo penso"? Ou podemos argumentar que um universo não pode existir sem o ser e o pensar — a matéria e a mente intimamente ligadas juntas? Certamente, sabemos que a mente influencia a matéria. Isso acontece cada vez que levantamos um dedo — pensamos nisso como nossa mente tocando a matéria. Cada um de nós acredita na presença de uma mente única dentro da nossa própria cabeça.

Porém, surpreendentemente, não há evidências científicas de que a mente exista na cabeça ou em outro lugar! Podemos demonstrar cientificamente a sua existência? Podemos sair à procura dela? Poderia parecer que não, pois a ciência lida com as evidências objetivas, e a mente não tem um fio sequer de existência objetiva.[1]

Talvez, poderíamos nos aproximar de uma prova da existência da mente indagando: "A matéria influencia a mente?" Bem, podemos observar a *matéria* influenciando a *matéria* quando um ovo que cai atinge o chão. Certamente, o chão afeta o ovo de maneira drástica. E quando ingerimos uma substância que altera a mente, tal como o álcool ou uma droga para entorpecer a dor, sentimos o seu efeito sobre a nossa capacidade de estar alerta ou de sentir dor. E assim, tendemos a acreditar que a *matéria* influencia a *mente*. Poderíamos dizer, portanto, que a mente e a matéria exercem força uma sobre a outra. Porém, uma vez que a mente não pode ser descoberta por meios científicos, não é possível encontrar essa força recorrendo estritamente aos campos da física ou da psicologia. Não, precisamos de um novo campo, o campo da nova alquimia, que incorpore a sobreposição de novas idéias obtidas tanto na física como na psicologia; que procure revelar a conexão secreta entre matéria e mente — que procure revelar a força que nós, intuitivamente, acreditamos ser real.

Eu percebo essa força alquímica na natureza por meio do reconhecimento mais básico de que *eu*, eu mesmo, existo numa fronteira entre duas regiões aparentemente distintas dentro do universo conhecido: os domínios *real* e *imaginal*. Quando eu escrevo *eu*, eu entendo o sentido instintivo, que tanto você como eu temos, de que somos ambos seres individuais, que existimos separadamente, e que vemos a nós mesmos como um indivíduo humano diferente, com uma mente consciente diversificada e aparentemente específica, hermética.

Embora nós sintamos essa individualidade em nós mesmos, supomos sem questionar que outros também a sentem. Em conseqüência disso, passamos pela vida sentindo que cada um de nós está sozinho, de algum modo trancado dentro de um corpo, e, não obstante, completamente capaz de entender que também existe outra pessoa dotada desse mesmo sentido de existência limitada. Os budistas referem-se a esse isolamento como *dukkha*, ou sofrimento. Experimentamos um sentido de carência, de perda, ou, de alguma maneira, de retirada do mundo.

Alguns de nós, de tempos em tempos, suspeitam que outros são capazes de transcender essa fronteira solitária. Talvez alguns de nós também sentiram, mesmo que essa experiência fosse apenas momentânea, que conseguiram efetivamente fazê-lo. Porém, a maioria de nós se sente totalmente separada e sozinha dentro da pele que define a nossa fronteira corporal. A maioria de nós se sente dessa maneira durante, aproximadamente, toda a nossa vida desperta.

Ao descrever essa dicotomia, poderíamos também utilizar palavras tais como corpo e mente, objetivo e subjetivo, exterior e interior, e assim por diante. Porém, independentemente de como se definam esses domínios, eles precisam ser abordados com simplicidade porque cada um de nós está isoladamente ciente da dicotomia. A percepção contínua de um domínio — o real, ou corporal — às expensas do outro — o imaginal, ou mental — leva usualmente a alguma forma de desastre na vida de uma pessoa. Por exemplo, se você estiver completamente ciente do seu corpo, mas não tem percepção da sua mente, isso o tornará narcisista. Por outro lado, ignorar o seu corpo e prestar atenção apenas à sua mente teria um efeito igualmente terrível, mas oposto. Por exemplo, você poderia ignorar sinais óbvios de danos corporais e desprezar um sangramento abundante ou um osso quebrado. Você também poderia ter pouco ou nenhum sentimento pelos outros, olhando-os como se eles fossem meramente dispositivos mecânicos ou robôs inteligentes.

No entanto, a percepção de ambos esses domínios, real e imaginal, mente e corpo, não é suficiente para se tornar bem-sucedida em controlá-los. Precisamos aprender a mover o nosso intento, ao nosso comando, entre os dois domínios. Precisamos reconhecer a força da mente sobre a matéria e reconhecer também como surge a força da matéria sobre a mente. Isso é, de alguma maneira, como uma forma de *tai chi* ou, possivelmente, o reconhecimento de como o *ch'i* emerge.[2]

Este é o primeiro segredo da criatividade alquímica: Aprender a se tornar ciente da divisão mente/corpo e do ponto no qual nossa mente inconsciente influencia o nosso corpo. Para fazer isso, precisamos nos tornar cientes cada vez que sentirmos a resistência emergindo dentro de nós.

"A resistência é fútil", diz a espécie cibernética robótica chamada de os "Borg" da série de TV *Jornada nas Estrelas*. Os Borg são uma colméia coletiva — uma espécie feita de formas de vida metade máquina e metade humana. Os Borg dizem aos seus prisioneiros para não resistir e se juntar ao coletivo. Se não o fizerem, serão forçados a fazê-lo. Poderíamos pensar a partir disso que a resistência à força de vontade é uma boa coisa. Estaríamos certos. Sem resistência, nada passa a existir. A resistência prende a mente na matéria, não obstante a tentativa materialista da ciência para provar que a mente é não-existente. Um bom professor utiliza a resistência como uma vantagem quando lida com um aluno difícil. O professor tenta levar o aluno até o ponto em que a resistência a uma nova concepção surge na mente do aluno. Então, o professor lida com a resistência implementando a técnica "um passo para a frente, dois passos para trás" — uma frase cunhada por Lênin quando ele descreveu a revolução russa de 1917.

Quando o universo se torna ciente da resistência crescente — a mesma resistência que você e eu experimentamos quando descobrimos uma nova idéia — o universo passa a existir e se torna autoconsciente. Ele transforma informação em matéria, dando origem a objetos físicos, e transforma matéria em informação, dando origem a um universo mental que modela o físico. A resistência surge em cada transformação. Esse é o processo transformacional. Como uma cobra dando uma volta sobre si mesma, procurando sua cauda, a resistência é um processo de auto-referência, de *feedback* e de ação/reação. Ele também pode ser visto como um duplo movimento — uma respiração para fora e uma respiração para dentro, uma expansão e uma contração. Quando inspiramos, experimentamos resistência a que mais ar seja inspirado. Quando expelimos o ar, experimentamos resistência a que mais ar seja expelido.

O primeiro passo à frente no processo ocorre de acordo com um movimento no tempo do presente para o futuro. Isso é usualmente chamado de causalidade ou determinismo. Quando nós imaginamos uma cena no futuro, exercitamos o passo para a frente. O segundo passo no processo ocorre de acordo com um fluxo no tempo que parte do futuro e volta para o presente. Isso é chamado de destino, teleologia ou propósito. Quando confrontamos a nossa própria inércia, e nos erguemos, e nos movimentamos no anseio de realizar a visão contemplada no passo para a frente, exercitamos o passo para trás. Esse processo pode ser visto na imagem da mão que se move desenhando a imagem de uma mão que se move. A mão 1 desenha a imagem da mão 2, que desenha a imagem da mão 1, que surge da imagem 2 e continua desenhando a mão 1, e assim por diante. O artista Maurits Escher captou essa visão na gravura da página seguinte.

Essa dança em dois passos no tempo parece bastante simples, mesmo sendo um pouco misteriosa. Porém, exatamente como isso funciona? E, o que talvez seja ainda mais importante, por que isso de fato acontece, sob qualquer circunstância, e por que é importante para cada um de nós saber isso?

O ILUSIONISTA NA PORTA INERCIAL, SEPARANDO OS DOMÍNIOS REAL E IMAGINAL

A criação é uma dança de transformação em dois passos: É uma das mãos apertando a outra, uma das mãos desenhando a outra. E a transformação nunca é um processo fácil. A inércia, uma exigência para a existência, uma propriedade de todos os objetos materiais, e até mesmo uma necessidade para que o pensamento surja, se ergue como uma barreira bloqueando a criatividade, solapando

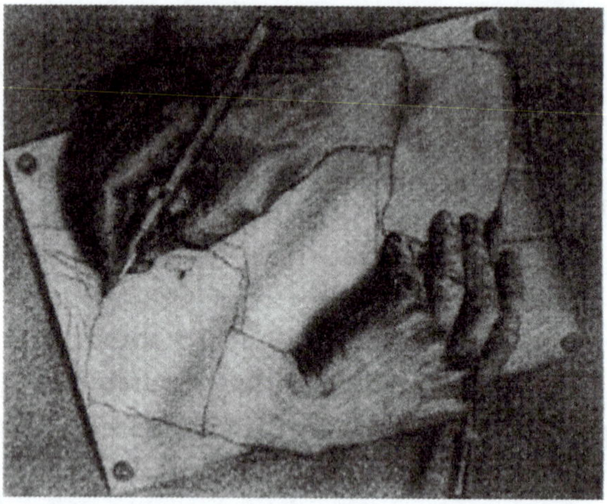

Figura 4.1 A Informação Modelando a Realidade Modelando a Informação. No princípio era a palavra. Como está ilustrado nessa gravura de Escher, a informação e a matéria se movem continuamente numa interação auto-referente que forma instrução para transformar continuamente a matéria, que por sua vez realimenta a informação, recriando novamente a matéria. A questão é: "Como isso é realizado?"

todas as novas energias que tentam derrotá-la. Por isso, se nós quisermos criar, precisaremos superar a inércia. Como Lênin se expressou, um passo para a frente, dois passos para trás. Para criar, nós precisamos dar um passo para a frente, do domínio real para o domínio imaginal. A rigidez do nosso próprio pensamento resultará em mais inércia do que nós podemos imaginar — dois passos para trás. O ilusionista que guarda o portal que separa os domínios real e imaginal sussurra: "Não preste atenção à inércia", e ao fazê-lo, nos torna cientes dela. Conseqüentemente, para superar a inércia, precisamos pôr em liberdade velhas maneiras de pensar, não nos opondo a elas, mas sim, permitindo que se expressem. Não existe inércia maior do que a nossa própria mentalidade anterior. No entanto, não fique perturbado com isso, pois sem essa inércia nenhum universo seria possível, nenhuma matéria jamais existiria, e nunca aprenderíamos a falar, a caminhar ou a dirigir uma bicicleta.

Cruzar de um domínio para o outro não é fácil. Precisamos das quatro ferramentas funcionais (descritas no capítulo anterior como os quatro axiomas do desejo) para navegar através do espaço e do tempo — sentimentos, pensamentos, sensações e intuições. (Jung as chamava de funções.[3]) Navegamos ao longo do nosso caminho pela vida utilizando essas ferramentas. Nós as utilizamos quando negociamos o território da nossa vida — nossa vida nas ações do dia-a-dia. Desse modo, elas nos permitem movimentar à vontade da mente para a matéria e retornar novamente.

E os mapas mentais que criamos para nós mesmos — nossas noções preconcebidas da realidade — nos dizem exatamente quais dessas ferramentas devem ser empregadas, quando e por quanto tempo. No entanto, sempre que recorremos aos nossos sentimentos, pensamentos, sensações e intuições, podemos ser enganados pelo uso impróprio deles. Em outras palavras, as próprias ferramentas que utilizamos para que nos conduzam ao longo da nossa vida são, elas mesmas, conscientes e vivas, e são capazes de atuar de volta sobre nós. Elas podem nos enganar. Essa fraude ocorre quando lançamos mão dessas ferramentas para navegar em nossos mapas (nossas noções preconcebidas de realidade) e não em nossos territórios (nossas experiências efetivas da realidade). Não é um exagero afirmar que fazemos um mau uso das nossas ferramentas quando resistimos a utilizá-las para lidar com as nossas experiências reais, favorecendo, em vez destas, as nossas experiências imaginais.

Deixe-me dar-lhe um exemplo. Você está ponderando a respeito do que lhe aconteceu durante um encontro prévio com alguém. Talvez tenha sido um encontro doloroso, ou um encontro que trouxe medo ou dúvida à sua vida. Você usou as suas ferramentas, os seus sentimentos, pensamentos, sensações e intuições para avaliar a situação passada conforme ela estava ocorrendo. Ótimo. É para isso que servem as ferramentas. Mas agora, quando você está sentado e ponderando a respeito do que lhe aconteceu, você precisa estar em alerta, pois é então que o ilusionista aparece. Suas ferramentas falam. Escute-as, mas não se apegue ao que elas dizem.

Poderíamos dizer que o ilusionista, com o mapa na mão, fica de pé no vão da porta entre a mente e a matéria e nos acena para que a cruzemos de um lado para o outro. No entanto, nem sempre podemos confiar nele. Às vezes, esse ilusionista atua como um guia, mostra-nos novos mapas, novas percepções da realidade, que deleitam os nossos sentidos e o nosso intelecto, e satisfazem a nossa necessidade de aprender como o nosso universo é criado. Mas, com freqüência, os mapas do ilusionista enganam os nossos sentidos e o nosso intelecto. De fato, falando por mim mesmo, o ilusionista me censura. Ele me faz ver que, qualquer que seja o número de vezes que eu cruze a fronteira utilizando as minhas ferramentas e os meus mapas, eu acabarei sendo enganado. Minhas noções preconcebidas da realidade, para onde quer que eu vá e em qualquer relacionamento em que eu ingresse, me derrotam ou convertem minhas novas experiências numa simples repetição de eventos passados.

Você poderia pensar que o fato de eu mudar os meus mapas, de eu redesenhar, por assim dizer, as minhas noções de realidade e de utilizar diferentes ferramentas me levaria para fora dessa situação. Por exemplo, se eu estou acostumado a lidar com a vida como um assunto intelectual, se eu penso e uso os meus sentidos para me guiar através da vida, e se sou enganado, eu poderia optar, subitamente, por indagar a respeito da natureza da minha vida utilizando a minha intuição em vez do meu intelecto. No entanto, eu ainda poderia ser enganado. Não se pode confiar sempre na intuição, nem posso me guiar sempre apenas pelos sentimentos que eu tenho a respeito de uma situação. Se eu o pudesse, um vigarista ou uma vigarista espertos jamais me enganariam novamente. Mas os nossos sentidos freqüentemente nos enganam, e o falso artista sabe disso muito bem. E também o ilusionista que existe dentro de cada um de nós.

Desse modo, não é fácil aprender a usar a nova força alquímica da criatividade, a fim de nos tornarmos cientes da divisão mente/matéria e cientes de quando a mente inconsciente influencia o nosso corpo. Precisamos utilizar todas as nossas ferramentas. E precisamos de mapas para nos guiar no uso dessas ferramentas. A maneira como *utilizamos* as ferramentas e os mapas é realmente a arte alquímica. Às vezes, precisamos tecer uma teia delicada, fazer um novo mapa, que cruza de uma função para outra. Outras vezes, precisamos deixar que o próprio universo nos conte o que vem a seguir na história da nossa vida. De qualquer maneira, a história só prosseguirá de maneira criativa quando um corredor oculto for descoberto. Sem corredores, a vida se torna terrivelmente enfadonha e estática. Precisamos estar prontos para o inesperado. Precisamos manter a mente aberta e permanecer atentos. Fazer isso estimula as nossas ferramentas. É esse o verdadeiro significado da "pedra filosofal" — um meio de aguçar as nossas ferramentas vivas da alquimia. Dispor de ferramentas estimuladas nos abre caminho para nos movermos através da vida num contínuo reconhecimento e reverente respeito pelo seu mistério fundamental.

VÃOS DE PORTAS DA CRIAÇÃO

Quando indagamos a respeito da criação, o lema de Lênin pode vir à mente. Talvez daremos um passo à frente e agarraremos uma nova idéia, e então, mais tarde, quando ponderarmos a respeito, poderemos ficar confusos quando dermos os nossos dois passos para trás e reconsiderarmos a nova idéia. O que é criação? O que era incriado antes que houvesse criação? Fazer essas perguntas pode, surpreendentemente, nos levar à sua antítese: "O que *não* é criação?" Esse é um obstáculo típico que encontramos quando tentamos criar alguma coisa. Quando alguma coisa nova surge, sua antítese também surge. Por exemplo, pense em qualquer idéia nova que você possa ter tido nos últimos dias. Quando você imaginou essa idéia, você também não concebeu a idéia de que a nova idéia não funcionaria?

A criação faz alguma coisa aparecer, a traz para fora das sombras, faz uma distinção, mostra algo que não estava previamente sendo mostrado, ou nos permite ver algo novo. Quer seja uma estrela que aparece pela primeira vez ou o nascimento de uma criança ou uma nova idéia ou uma nova concepção que subitamente se torna parte da sua vida, a ação criativa nos surpreende.

A criação envolve misteriosos princípios físicos. Nós realmente não sabemos como alguma coisa passa a existir. Se nós soubéssemos, se nós pudéssemos rastrear tudo de volta até alguma lei ou idéia fundamental, então, num certo sentido, isso não seria criação. Seria simplesmente uma mudança de uma coisa em outra, seguindo alguma lei ou algum curso de ação. Por exemplo, na primeira vez que abríssemos a porta de uma geladeira onde tínhamos colocado uma garrafa com água, poderíamos ficar surpresos ao descobrir que agora ela contém um material frio, semelhante a pedra, chamado de gelo. Até que entendamos as leis da transformação que mudam a água em gelo, podemos pensar que o gelo foi criado na garrafa e que a água, de alguma maneira, desapareceu. Antes que entendêssemos as leis de transformação que governam as mudanças de fase entre líquidos e sólidos, veríamos isso como magia, como criação. Porém, o nosso mapa, a nossa noção de realidade, baseados em nossos sentidos físicos e em nossas teorias físicas, nos proporcionaram um entendimento de que a água se congela em gelo.

E é isso o que é a ciência — anticriação. Os cientistas tentam eliminar a idéia de criação e entendem tudo como transformação. Eles querem saber como uma coisa muda em outra coisa. Eles não estão preocupados com a maneira como uma coisa é criada a partir do nada, pois não existe maneira científica de apreender isso.

Desse modo, poderíamos dizer que a razão pela qual há um problema entre a ciência e o misticismo é que os místicos olham para a criação do ponto de vista do espanto, da reverência e do maravilhamento, e querem ver tudo como criação e nada como transformação. Os místicos poderiam dizer que as próprias leis da transformação são meras ilusões que nós criamos em nossa mente porque nós, seres humanos, queremos ter algum controle sobre a nossa vida. Queremos ter a certeza de que nada é criado a partir de alguma coisa. Se algo o fosse, então o oposto seria igualmente obrigado a ocorrer. O que foi criado poderia ser "descriado", poderia ser destruído, desvanecendo-se novamente no nada. E quem quer isso?

Queremos ter alguma coisa semelhante à inércia, alguma coisa que nos prenda no chão, e queremos saber em que consiste esse chão. Esse desejo faz com que qualquer coisa passe a existir. O ilusionista não é um ser perverso postado no vão da porta da criatividade. O ilusionista é a imagem que temos do nosso eu. Desse modo, o ilusionista pode manter o universo coeso oferecendo resistência adequada, mas não é capaz de bloquear completamente o impulso criativo.

Estamos sempre interessados no que está oculto e no que uma concepção ou uma idéia significam. Um mágico inteligente sabe disso e é capaz de nos enganar porque estamos acostumados a ver o mundo de uma maneira específica e socialmente limitada. O mágico captura o nosso interesse fazendo-nos supor que alguma coisa oculta está em vias de ser revelada.

A vida é misteriosa. Ela consiste numa seqüência contínua de ações criativas que são fundamentalmente imprevisíveis. Ninguém entende por que qualquer coisa é da maneira como parece ser. Ninguém entende, em absoluto, por que qualquer coisa "é". A própria criação, alguma coisa que vem do nada, a emergência da distinção, a separabilidade, todas as maneiras pelas quais nós descrevemos esse processo, estão efetivamente escondidas de nós. O mágico é esperto.

Encare a porta entre o real e o imaginal e lá está postado o ilusionista. Ele nos embalará até o sono com a história da nossa vida. Ele nos tornará inconscientes com as crenças inertes de que nós somos aquilo que pensamos que somos. O que nos torna não-despertos? É simples. Estamos não-despertos quando somos apanhados pela inércia da consistência da nossa própria realidade — como a tentativa de caminhar através de uma floresta enlameada. Caminhamos de um lado para o outro com as idéias inconscientes que nos foram ensinadas, e que nos definem como separados, distintos: "Eu sou isto; eu não sou aquilo. Eu sou bom nisto; eu não sou bom naquilo. Eu sou maravilhoso; eu sou terrível." Essas idéias foram inculcadas em nós desde a infância e são reforçadas por outras pessoas, com freqüência membros da família, que nos conhecem há muito tempo. Mas eles não nos conhecem! Eles só conhecem aquilo que eles se preocupam em ver e em pensar a respeito de nós. E nós não os conhecemos! Nós só conhecemos aquilo que nós nos preocupamos em pensar e em ver a respeito deles.

São essas as linhas de história da nossa existência. Elas não são meros fogos-fátuos de energia não-inerte. Elas são pesadas. Nós as incorporamos, por assim dizer, e depois de um bom tempo nós as carregamos conosco como se caminhássemos com um fardo sobre os ombros. Cada um de nós comprou e vendeu a si mesmo numa certa história, e no desconforto que sentimos, as linhas de história nos trazem uma sensação de conforto. Qualquer idéia ou pensamento que contrarie a nossa história, mesmo que ela pudesse melhorar a nossa situação financeira ou emocional, é rapidamente rebaixada para uma zona confortável e segura de impensabilidade. Nós aprendemos, sem pensar, como transformar informação em matéria. Esse truque constrói as regras que governam a nossa mente inconsciente.

A fim de nos libertarmos, a fim de termos uma nova experiência, um despertar xamânico, uma nova visão, temos de nos livrar da ilusão de que estamos separados de qualquer outra coisa — em particular, de que estamos separados daquilo que desejamos. Isso tem sido, é, e sempre será o segredo da criatividade: libertarmo-nos da separação. Se não fizermos isso, não criaremos. Precisamos "puxar uma extensão" do domínio imaginal para criar uma nova linha de história. Precisamos retornar à unidade a fim de separar novamente.

Hay

ה

Hay representa a Vida, uma noção que tudo inclui. Quando há resposta (dallet) ao movimento (ghimel) da matéria (bayt) movida pelo espírito (aleph), nós temos a Vida. Desse modo, as quatro primeiras letras — aleph, bayt, ghimel e dallet — são as sementes da semente primária da Vida.

Hay é pronunciado como um sopro. A criança recém-nascida vem à vida com um sopro (hay) causado pela sua resposta (dallet) ao movimento (ghimel) da mão (bayt) do médico contra as suas costas, despertando nele o espírito (aleph).

CAPÍTULO 5

Vida: O Corpo na Mente

Desse modo, a autopercepção era simplesmente uma função da matéria organizada em vida; uma função que nas manifestações superiores se voltou sobre a própria matéria que a gerou e se tornou um esforço para explorar e para explicar o fenômeno que ela exibiu — um esforço esperançoso-desesperançado da vida para obter autoconhecimento. A natureza se voltou sobre ela mesma — um projeto fadado ao supremo fracasso, pois a Natureza não pode ser resolvida em conhecimento, nem a vida pode, em última análise, escutar secretamente a si mesma.

Thomas Mann
A Montanha Mágica

Advertência: este capítulo é uma história de mecânica quântica de mundos paralelos em atividade. Como tal, muitas palavras e frases têm dois ou mais significados correndo em linhas paralelas. Essas diferentes interpretações podem aparecer separadamente diante da mente, ou em várias sobreposições de significados, nas quais não ocorrem distinções em significados separados ou "atômicos". Desse modo, enquanto você conserva em aberto todas as linhas paralelas, mantenha separadas as trilhas. Note quando ocorre uma mudança ou um salto quântico no significado, quando a mente percebe que uma distinção ocorreu. Fique atento para a lacuna ou caia profundamente no domínio imaginal da aceitação total.

Mas não tenha medo, pois o ilusionista sempre permanece de guarda.

E AGORA, AO NOSSO CAPÍTULO...

Eu sou um corpo. Pelo menos, é assim que eu penso cientificamente a respeito do meu eu físico — como uma entidade, um ser substancial, um objeto físico vivo. Mas eu também tenho sentimentos, pensamentos e sensações que me dizem que eu não sou apenas o meu corpo.[1] E eu intuo que em algum nível profundo, para além daquilo que eu posso ver ou sentir, eu não sou apenas os meus sentimentos, pensamentos e sensações. Minha intuição me diz que eu sou mais do que o meu corpo; mais, até mesmo, do que os meus sentimentos, pensamentos e sensações. No entanto, se eu acreditar nos modelos padrão dos cientistas, como foi discutido em capítulos anteriores, minha experiência e minha intuição não são válidas. Eu sou somente o meu corpo. Nada mais. Tais modelos constituem o mito materialista da ciência.

De acordo com esse moderno pensamento científico materialista, de alguma maneira, eu — a consciência indefinível que me proporciona a percepção do meu corpo — sou formado a partir de um complexo de processos múltiplos, mudos e simples. Estes envolvem fótons de luz, partículas subatômicas tais como elétrons, átomos, moléculas, células e órgãos, particularmente o cérebro e o sistema nervoso. Até que, no final dessa multiplicação de processos cada vez mais complexos, a partir do mudo e do simples, emerge toda a percepção inteligente e complexa do meu corpo e da minha mente. E aqui estou *eu* — emergindo de um caldeirão fervilhante de lama baseada no carbono e eletricamente inflamada. Em menos de três milhões de anos de evolução, *eu*, um descendente da sopa de DNA cozido, passei a caminhar sobre uma terra que, quando eu ainda era sopa, estava mergulhada em água sob estado de vapor. A minha mente e o meu corpo nada mais são que um sistema complexo de superaquecidos pedaços microscópicos de carne morta eletrificada e emitindo sinais telegráficos.

No entanto, o materialismo e a ciência de base materialista têm mudado radicalmente ao longo dos anos, e da mesma forma também mudou o nosso pensamento a respeito da relação mente-corpo. Neste capítulo, exploraremos essa transformação radical e aplicaremos algumas das idéias referentes à nova alquimia que vimos nos capítulos anteriores.

O QUE COSTUMAVA SER NÃO É "O QUE É"

Costumava acontecer que nós acreditávamos que coisas grandes (tais como os corpos) eram simplesmente construídas a partir de outras coisas menores (tais como partículas subatômicas). Uma coisa grande se comportava de uma certa maneira complexa porque suas coisas menores se comportavam de maneira mais simples. Desse modo, um órgão humano funcionava da maneira como o fazia porque suas moléculas se comportavam da maneira como o faziam. E as moléculas se comportavam desmioladamente porque eram compostas de átomos igualmente desmiolados — unidades fundamentais de substância material morta obedecendo desatentamente às leis mecânicas do universo, tais como foram descritas pela primeira vez pelo filósofo grego Demócrito e mais tarde por Sir Isaac Newton.

Em última análise, todas as coisas em todo o universo morto se comportavam desmioladamente, seguindo caminhos bem-trilhados, canais de irrigação, escavados no jardim-universo mecânico do espaço-tempo que Newton tão cuidadosamente cultivara há centenas de anos.

Naturalmente, os sistemas biológicos, por outro lado, são especiais. Eles são vivos. Embora baseados nas idéias de Demócrito, nós, em última análise, explicamos os sistemas vivos como emergindo de padrões feitos por caminhos mecânicos mortos que suas moléculas mais simples seguem. Naturalmente, mapear esses caminhos seria uma tarefa monumental, impraticável, para dizer o mínimo. Hoje, porém, com nossos rápidos avanços no conhecimento do DNA e da ciência molecular, e com os assombrosos avanços na tecnologia do computador, poder-se-ia começar a pensar que tal empreendimento é possível.[2] No entanto, mesmo que o seja, ninguém ainda viu uma equação caminhar. A vida e a consciência ainda são um mistério. E, como eu disse, o materialismo sofreu um rude choque desfechado contra o seu sistema: As mais simples unidades existentes, das quais são feitas as partículas subatômicas e os átomos, não seguem os caminhos bem-cultivados do jardim de Newton. Em vez disso, tais objetos — se eles ainda podem ser chamados de objetos — seguem aparentemente múltiplos caminhos quando se movem de lugar para lugar.[3] Não apenas isso, mas, de algum modo, o mero ato de observar tais partículas desordena tais caminhos e altera a história delas.[4]

Desse modo, atualmente, não nos defrontamos mais com um universo de partículas dotadas de existência objetiva, independentemente do instrumento de observação que tenta mapear com cuidado as suas idas e vindas. Nós agora vemos o universo e todas as coisas que há nele de maneira muito diferente e, se eu posso acrescentar, um pouco estranha. Essa nova visão provém da descoberta da natureza quântica da matéria e da energia, e mudou a maneira como vemos o corpo e a mente. Einstein certa vez assinalou que era impossível falar a respeito da matéria sem falar a respeito do espaço e do tempo. Espero indicar que não somente é impossível lidar com a matéria sem o espaço e o tempo, como também é impossível ela existir sem a mente. E a mente — a minha mente e a sua mente — não podem existir apenas dentro dos confins de um corpo.

Minhas concepções apresentadas aqui, embora sejam baseadas, até um certo grau, no meu conhecimento da física, podem parecer, de um ponto de vista puramente físico, como um tanto novas, e até mesmo bizarras. Elas têm por base várias das minhas próprias experiências ao lidar com o estudo da relação entre a consciência e a física quântica. Desse modo, quando eu pergunto: "Como a consciência parece surgir no corpo como um *eu*?", minha resposta abrange o seguinte:

1. a física quântica — em particular o efeito do observador e o princípio da complementaridade;
2. um modelo do corpo e da mente baseado em "linhas de história" ou "*scripts*" (roteiros) que se envolvem nos componentes celulares do corpo pelo simples processo da observação;
3. a localização da mente do observador ou a procura pelo *eu*;
4. a realidade mítica; e
5. a natureza do tempo.

Esse envolvimento da mente com a matéria e com o mito cria o *eu* como um sistema vivo, que se auto-observa no tempo. No entanto, o *eu* se origina além do espaço, do tempo e da matéria/energia.

A FÍSICA QUÂNTICA DA EXPERIÊNCIA

Onde, quando e como a consciência e a física quântica se sobrepõem?[5] Como é bem conhecido na física quântica, a resposta está, especificamente, no "efeito do observador" mencionado acima.[6]

De acordo com as regras quânticas, um sistema não-observado, tal como um átomo ou uma partícula subatômica, não existe como um sistema "real". Em vez disso, uma partícula subatômica existe como uma nuvem fantasmática de partículas físicas possíveis. No jargão da física quântica, essas partículas físicas possíveis são chamadas de "estados" e, em geral, elas são os atributos que podem ser observados e, portanto, são os atributos mensuráveis da nossa experiência de qualquer sistema físico. Enquanto tais, essas partículas refletem tendências para a existência, em vez da própria existência física. Portanto, essas tendências ou probabilidades ligam a psicologia à física quântica.

Uma probabilidade é uma "tendência para alguma coisa", como Heisenberg a descreveu:

> Foi uma versão quantitativa da velha concepção de *potentia* na filosofia aristotélica. Ela introduziu alguma coisa que permanecia no meio entre a idéia de um evento e o evento real, um estranho tipo de realidade física exatamente no meio entre a possibilidade e a realidade.[7]

Por exemplo, há tendências ou estados correspondentes às localizações de um átomo no corpo ou em qualquer lugar do espaço. Antes da observação, esses estados ficam espalhados como uma nuvem que se expande sobre o espaço e o tempo. Para imaginar isso, precisaríamos visualizá-los como bilhões e bilhões de minúsculos pontos enchendo o espaço e se movendo ao longo da história. Cada ponto representa a tendência do átomo para se manifestar num ponto específico do espaço e do tempo. Quando ocorre a percepção, a observação, o reconhecimento, a cognição ou a detecção por algum tipo de dispositivo de registro físico, subitamente essa nuvem de fantasmáticas possibilidades punctiformes se evapora, deixando o átomo, por si mesmo, numa única localização física e num tempo específico. Desse modo, uma tendência se torna uma realidade. Nessa imagem, todos os bilhões de pontos desvanecerão, deixando apenas um.

Quando ocorre essa súbita evaporação, o átomo aparece fisicamente e, o que é ainda mais importante, o observador desse átomo o mede. Essa cognição ocorre em qualquer tempo e em qualquer lugar, até mesmo fora do corpo. Naturalmente, isso deixa em aberto a questão: "Onde, oh, onde pode estar a mente do observador?" Ou então: "O que constitui a mente de um observador ou uma experiência cognitiva?"

Alguns físicos acreditam que a mente do observador não é responsável pela súbita evaporação da nuvem de probabilidade de um átomo isolado. De fato, ninguém jamais realmente viu um átomo. O que os físicos vêem quando eles "olham" para um átomo é um registro feito por um instrumento de medida — o rastro do átomo, por assim dizer. Em vez de o observador fazer com que a nuvem se evapore ao notar onde ela está, esses físicos acreditam que, de algum modo, é esse instrumento de medida que faz com que o campo de pontos se desvaneça, com exceção de um. E muitos físicos tomam isso como uma indicação de que a ação da "evaporação dos pontos" reside fora do domínio da física, que tudo o que um observador faz é confirmar aquilo que um instrumento lhe diz. No entanto, outros físicos acreditam que a súbita evaporação só ocorre realmente quando o observador, conscientemente, nota o indicador do instrumento de medida. Eles diriam que não importa onde ou quando o observador entra em cena, pois é o ato de observação por parte de um ser que conhece, de um ser consciente, que, em última análise, faz com que a nuvem "pipoque" numa única gota — mesmo que seja um grande instrumento de medida interposto entre o objeto e o observador último que pipoque a nuvem.

Esse "pipoco" é um nó espinhoso nos flancos da física. Ninguém sabe exatamente como ocorre esse súbito "pipocar" do imaginal possível no real. Nada existe na própria física quântica que preveja essa ocorrência. Não obstante, esse súbito "pipoco de realidade" é a base do princípio da incerteza de Werner Heisenberg e do princípio da complementaridade de Niels Bohr, e é a consternação de físicos em todo o mundo.

Também chamado de princípio do indeterminismo, o princípio da incerteza reflete a incapacidade de predizer o futuro baseando-se no passado ou baseando-se no presente. Conhecido como a pedra angular da física quântica, ele fornece uma compreensão da razão pela qual o mundo parece feito de eventos que não podem ser conectados por causa e efeito. Em essência, ele diz: "Que haja porções de pontos."

O princípio da complementaridade afirma que o universo físico jamais pode ser conhecido independentemente das escolhas do observador quanto ao que observar. Essas escolhas recaem em duas categorias de observação distintas ou complementares. A observação e a determinação efetuadas utilizando-se uma categoria sempre impede a possibilidade de se observar e determinar simultaneamente a categoria complementar. Por exemplo, a posição de um objeto e o caminho que ele segue ao longo do espaço e do tempo (o *momentum* do objeto) são observações efetuadas em categorias complementares e, assim, não podem ser determinadas simultaneamente.

Considere a Figura 5.1. Embora seja apenas um análogo visual da complementaridade de um processo quântico real, ele pode efetivamente refletir processos físicos quânticos no seu cérebro. Por enquanto, cubra a figura à direita e olhe apenas para a figura à esquerda. Observe as linhas brancas espessas. Você vê um cubo? Que face do cubo está na frente? Você o está olhando de cima para baixo ou de baixo para cima? Ele subitamente dá um salto? Ao olhar para a figura dessa maneira, você vê um cubo saltando. Mas, espere. Você também consegue ver que a figura da esquerda consiste num remendo de figuras geométricas planas e negras pintadas sobre um fundo branco? Se não conseguir, cubra a figura da esquerda e olhe para a figura à direita. Ela ilustra uma maneira complementar de ver a figura à esquerda. A maneira como você vê a ilustração da esquerda depende de como você escolhe vê-la. E você não consegue vê-la das duas maneiras ao mesmo tempo. Ou você vê um cubo ou você vê formas geométricas planas contra um fundo branco.

Agora, pense a respeito disso. Onde o cubo saltou? Onde a figura geométrica do cubo emergiu? "Lá fora" sobre a página ou "aqui dentro" em sua mente? Se for este último caso, então onde a sua mente está localizada? (Voltaremos mais tarde a essas perguntas desconcertantes.)

De fato, a complementaridade afeta a maneira como todos nós vemos o mundo, como todos nós pensamos e sentimos a respeito dele, e talvez, o que é ainda mais importante, a maneira como nós vemos a nós mesmos, e pensamos e sentimos a respeito de nós mesmos. Como você imagina a si mesmo? Você é basicamente uma pessoa pensante ou uma pessoa sensível? Quando lhe fazem uma pergunta, você responde "penso que..." ou responde "sinto que..."? Jung assinalou que a personalidade humana tem uma função de pensamento ou uma função de sentimento bem-desenvolvida, mas não ambas. O pensamento e o sentimento são complementares um do outro.

(A propósito, se você ainda não viu o cubo saltar, você é, provavelmente, como Jung o diria, um indivíduo do tipo pensante. Não se preocupe se ele não saltou, como ele faz para muitas pessoas supostamente do tipo sensível. Se você continuar olhando para ele, ele acabará saltando.)

De maneira semelhante, nossas escolhas alteram o corpo físico. Como você pensa a respeito do seu corpo? Como você se sente a respeito dele? Você é capaz de separar os pensamentos a respeito do seu corpo dos seus sentimentos? Como eles diferem? Como são o mesmo?

Figura 5.1. O Cubo Paradoxal. Na figura à esquerda, o fato de você ver um cubo ou formas geométricas negras contra um fundo branco depende de você. Este é o princípio da complementaridade em ação. Na figura à direita, as peças negras contra um fundo branco estão mais facilmente evidentes.

Voltando ao pipoco, olhe novamente para o desenho. Esse salto súbito é uma metáfora visual para o salto quântico ou pipoco. O pipoco deu origem a muitas diferentes interpretações além das duas mencionadas acima (o observador fez isso ou foi o instrumento que o fez); todas, com exceção de uma, requerem sistemas de crença metafísicos que residem fora das leis da física quântica. A única exceção é, talvez, a menos aceitável, embora seja a única que permanece dentro dos limites da física quântica: ela diz que o pipoco não ocorre. E essa interpretação pode explicar como a mente e o corpo interagem e se tornam acoplados conjuntamente.

MUITOS MUNDOS ENTRELAÇADOS EM VEZ DE UM SÓ MUNDO PIPOCADO

A versão de "muitos mundos" ou "universos paralelos" da física quântica afirma que o observador, ao observar, está na realidade tornando-se parte do observado ao notar e se lembrar do que ele experimenta.[8] Se um sistema quântico é capaz de ser observado em um dentre vários estados possíveis, então, quando uma observação ocorre, o sistema ingressa em todos esses estados e a mente do observador se divide num estado acompanhante associado com cada estado físico possível do sistema.

Olhe novamente para a Figura 5.1. Tente, mais uma vez, ver a figura à esquerda como um cubo. Quando você vê que está olhando para o cubo de cima para baixo, você e ele entraram num mundo paralelo. Quando você vê que está olhando para o cubo de baixo para cima, você e ele entraram em outro mundo paralelo. Em cada mundo, o cubo existe com sua posição determinada conforme você o vê, e você também existe com uma memória captada pela sua própria observação. Suas memórias/observações das posições do cubo e essas posições do cubo nos dois mundos paralelos formam a base dos muitos-mundos associados à interação mente-matéria. Em cada mundo, a sua memória forma par com uma das posições possíveis do cubo; e você e a sua memória existem em cada mundo desconhecendo a existência do outro. Em cada mundo, uma possibilidade emerge como real e a outra como imaginal. Portanto, temos uma explicação da mente (o imaginal) e da matéria (o real) emergindo num único e mesmo tempo.

Paradoxalmente, se houvesse apenas um mundo, essa comunicação não constituiria problema algum para o observador. Depois da observação, a mente do observador não é mais livre; ela foi dividida pelo sistema que ela observou. Desse modo, o observador é apanhado por aquilo que ele observa e forma par com ele, de maneira muito parecida com aquela pela qual duas pessoas tornam-se um par, um casal, quando se apaixonam. Isso não significa que as outras possibilidades da nuvem fantasma subitamente se desvanecem quando uma das possibilidades se materializa; significa que todas as possibilidades são observadas em mundos paralelos, e que a mente do observador está em cada um desses mundos.

Isso é de fato esquizofrenia numa escala de doido varrido. Desse modo, em cada mundo provável onde um objeto físico existe num determinado estado, um observador observa esse objeto nesse estado. Essa interpretação diz que todas as possibilidades existem simultaneamente e que todas as memórias possíveis do objeto também existem simultaneamente. Dessa maneira, a mente e a matéria estão entrelaçadas numa infinidade de trançados, todas elas emergindo de um único encontro da mente com a matéria.

Imagine todos os eventos da sua vida distribuídos sobre um mapa. Todos esses laços mente-matéria que compõem a sua vida não somente existiriam agora — o que seria visto como um espalhamento de pontos sobre um mapa num único instante de tempo — mas também se espalhariam sobre o mapa do tempo, congelados no espaço-tempo como insetos pré-históricos em resina solidificada. E essa pequena afirmação diz muito. Esses estados da mente-matéria entrelaçadas existem agora, existiam antes e existirão depois.

Esses entrelaçamentos podem ser imaginados como um campo de minhocas congelado no solo espaço-temporal do ser. Uma vez que eles estão espalhados no tempo assim como no espaço, eles são efetivamente histórias múltiplas da relação do observador com o observado. Eles existem como uma sobreposição de linhas de história que se estendem para trás, até o princípio do tempo, e para a frente, até o fim do tempo. Essas linhas de história podem ser imaginadas como entrelaçamentos da mente e da matéria trançados ao longo de toda a história da inteligência sensível.

Mais uma vez, olhe para o lado esquerdo da Figura 5.1. Veja o cubo. Quando ele salta, o que você experimenta são as torções e giros de uma pequena parte da sua própria linha de história. Neste caso, a história é simples. Tem apenas dois esquemas: Você está olhando para o cubo de baixo para cima ou você o está olhando de cima para baixo. Mas, naturalmente, há uma porção de histórias. E essas histórias formam épicos, que, em última análise, criam as várias espécies de vida no planeta. Tais linhas de história também criam o corpo humano e, no mesmo sentido, todas as coisas no universo. Nessa figura, todas as coisas são vivas, uma vez que elas contêm memórias encaixadas na matéria. Isso inclui rochas e todos os elementos materiais. Inclui a terra e até mesmo o seu núcleo fundido, para não mencionar sistemas biológicos tais como plantas e todos os outros animais.

E, como eu assinalei, essas linhas de história existem naturalmente no corpo humano. As torções e os giros da molécula de DNA são talvez manifestações físicas alquímicas das torções e dos giros das linhas de história da mente-matéria. Quando essas linhas de história ocorrerem num corpo humano, eu as chamarei de "*scripts*".

Um *script* é um entrelaçamento de histórias passadas possíveis. Ele contém a história da espécie humana, bem como o registro do que você comeu ou não comeu na última terça-feira. Em cada história, a memória de um observador e um evento observado se relacionam. Os *scripts* seguem todos os caminhos possíveis no tempo. Desse modo, cada pedacinho de matéria no corpo tem a sua história para contar, pois ele tem o seu próprio contador de histórias sempre presente — o corpo vivo e consciente. Nesse corpo, a mente se encontra entrelaçada com todo ele e através dele. Todo o corpo atua como um grande dispositivo de gravação. Ele tem feito gravações de todos os passados possíveis que poderiam ter levado ao seu presente, e ele antecipa todos os futuros possíveis. Os futuros existem no presente devido à natureza probabilística dessas linhas de história. Eles são, no final das contas, *scripts* de passados possíveis e, pela mesma razão, visões de futuros possíveis.

Poderíamos chamar esses *scripts* do corpo de "corpo de sonho", termo originalmente sugerido por Arnold Mindell. Em seu livro, *Dreambody*, Mindell assinala que as várias disciplinas tradicionais têm, cada uma delas, a sua própria visão do corpo.[9] Em outras palavras, o corpo é visto como uma coisa pelos budistas, e como outra coisa pelos cristãos; é uma coisa quando é visto pelos que praticam a medicina ocidental; e outra quando é visto por físicos.

Desse modo, poderíamos perguntar, o que é o corpo real? Com certeza, deve ser o corpo que nós vemos no espelho. Não é bem assim: esse "corpo que nos reflete" ainda é apenas uma outra observação. E, como vimos ao olhar para o desenho do cubo, é aquilo que o observador escolhe ver que determina o que ele vê.

Em seu trabalho sobre o sonho e o corpo, Mindell, que descreve a si mesmo como um psicólogo de orientação processual, descobriu que as imagens oníricas e os sintomas de doenças apontam tendências para determinados processos psicofísicos. Imagens oníricas e sintomas criam um perfil para histórias que contam a você sobre você mesmo. Por exemplo, você está sentindo, neste momento, algum desconforto em seu corpo? O que vem à sua mente quando você sente esse desconforto? Use a sua imaginação. Talvez você tenha uma dor de estômago. Talvez essa dor traga uma lembrança da sua infância, quando você teve uma dor de estômago semelhante. Essas tendências podem se manifestar como problemas somáticos, dificuldades de relacionamento, sonhos e/ou sincronicidades. Elas refletem o relacionamento de uma pessoa com eventos no espaço e no tempo. No entanto, uma vez que elas são *tendências* ou *probabilidades* para eventos, elas apenas *sugerem* mudanças em vez de comandá-las. Mindell sugere que essas tendências ou probabilidades ligam a psicologia com a física quântica.

Aqui, eu quero sugerir que as imagens que nós temos do nosso corpo, as figuras que emergem, provêm do nosso *script* — das histórias em que viemos a acreditar a nosso próprio respeito. Esse *script* é novamente reescrito ou renovado a cada vez que nós nos movemos, a cada vez que nós pensamos a nosso próprio respeito, e até mesmo a cada vez que nós fantasiamos a nosso próprio respeito. As histórias estão encaixadas em nosso corpo quase da mesma maneira que informações sonoras ou visuais estão encaixadas num filme ou numa fita de vídeo. Novas experiências são registradas a cada dia e comparadas com experiências antigas. Quando ingressamos numa nova experiência, nós não somente percebemos o que está "lá fora" como também projetamos para o mundo exterior o que está "aqui dentro", e fazemos uma comparação dos *scripts*. Essa nova história mapeia bem a antiga? Devo fugir ou devo permanecer e jogar?

No meu modelo, nossos *scripts* são comparados com as nossas sensações do mundo externo. Lembre-se, os *scripts* são os entrelaçamentos dos estados do observador com estados físicos da matéria celular em mundos paralelos. Enquanto tais, elas não apenas contêm memórias do que foi, mas também do que poderia ter sido. E elas também contêm histórias de *antecipação* do que será. Com base nisso, podemos perguntar: como a experiência "real" que alguém tem do mundo "lá fora" pode emergir? Como somos capazes de experimentar alguma coisa, seja uma informação ingressando no nosso sistema nervoso e no cérebro a partir do mundo exterior ou os dados que são gerados nas outras células do corpo? O que eu estou realmente indagando é o seguinte: "Como a consciência emerge? Onde ela emerge?" Aparentemente, isso acontece no corpo, mais provavelmente no cérebro.

A percepção da realidade corporal como ela, supostamente, ocorre em nosso cérebro e em nosso sistema nervoso pode ser, creio eu, descrita como a atenção que nós prestamos a esses *scripts* de mundos paralelos e que projetamos, a partir de todas as células do corpo, no espaço e no tempo. Precisamos dos mundos paralelos para determinarmos que história possível é verdadeira e está "realmente lá fora". Sem as possibilidades de mundos paralelos, nós não seríamos capazes de mudar as maneiras como experimentamos o mundo, pois teríamos apenas uma única memória fixa com a qual compararíamos as coisas.

Por exemplo, o fisiologista George von Békésy, ganhador do prêmio Nobel, descobriu que sujeitos, estimulados por dispositivos físicos mas privados de seu sentido visual, tiveram realmente sensações num espaço onde nenhuma parte do corpo deles estava sequer presente.[10] Von Békésy colocou vibradores nos joelhos dos sujeitos. Em seguida, pediu a eles que separassem os seus joelhos. Quando a freqüência de vibração era alterada, a sensação parecia saltar de um joelho para o outro, e então, em certas freqüências, ela apareceu no espaço entre os joelhos. As vibrações produziam padrões de interferência, isto é, *scripts* competitivos, no cérebro do observador, e desse modo recriavam uma experiência da realidade objetiva "lá fora". Por outro lado, Benjamin Libet, da San Francisco Medical School, da Universidade da Califórnia, numa série de experimentos notáveis, estabeleceu que as informações sensoriais também são projetadas do cérebro para trás ao longo do tempo.[11] Para ser justo com Libet, ele realmente não afirmou isso. No entanto, ele disse que as informações sensoriais aparecem na consciência do observador "encaminhando-se para trás no tempo". Com isso, ele queria dizer que, embora o cérebro do sujeito não indicasse efetivamente que a percepção desse estímulo ocorreu até algum período de tempo depois do estímulo (cerca de meio segundo), o sujeito experimentou o estímulo como se ele tivesse ocorrido muito próximo do instante em que o estímulo foi aplicado (cerca de dez milissegundos mais tarde).

Libet acredita que a projeção do espaço-tempo é essencial para a conexão humana mente-corpo. Como ele se expressou numa conversa que eu tive com ele alguns anos atrás, "o encaminhamento (*referral*) no espaço é, em princípio, semelhante ao encaminhamento no tempo. Descobrimos o encaminhamento no tempo. Há encaminhamento por todo lugar". Desse modo, a sensação de sentir algo "lá fora" no espaço ou para trás no tempo é então comparável à sensação de ver algo "lá fora" na visão normal ou de sentir que alguém está lá fora quando você não pode ver uma coisa. De fato, na física atual nós acreditamos que o espaço e o tempo podem não ser concepções fundamentais. Isso indica que, de alguma maneira, nós projetamos o espaço e o tempo, assim como a extensão espacial e temporal dos objetos. Talvez nós façamos as duas coisas ao mesmo "tempo".

Desse modo, onde é que o mundo objetivo é efetivamente experimentado? Quando? Em nosso cérebro, em nosso corpo, ou lá fora e em seguida no sentido inverso? Mesmo que nós respondamos a essas perguntas, temos um problema óbvio: "Onde está o observador?" De fato, onde ocorre a experiência e onde o observador existe são as coisas a cujo respeito é mais difícil falar. "Onde está o homúnculo? Onde está a 'pessoa' que experimenta o mundo exterior? No cérebro? No corpo? No universo todo?" Em todas as minhas pesquisas, eu ainda tenho de encontrar a localização do "observador" da realidade no cérebro ou no sistema nervoso. Eu também ainda não a encontrei no corpo.

Assim como, de acordo com as regras quânticas, o "verdadeiro" objeto parece se desvanecer — como a cara do gato em *Alice no País das Maravilhas* — eu concluo que ninguém está lá para observá-lo. Não existe pessoa alguma no corpo ou no sistema nervoso. Referindo-se àquilo que nós chamaríamos de ego, Buda ensinou que não existe um *eu*. Ele também viu que não existem objetos lá fora independentes desse *eu* que não existe.

Aqui não há muita coisa em que se apoiar. Os Beatles estavam certos: "Nada é real." Os franceses talvez se aproximaram mais da verdade quando cunharam a palavra *personne* para significar *ninguém*. Porém, se não há testemunha, se não há um observador fundamental, então o que está se passando? Não pegue o Buda errado, existe alguma coisa se passando, mas não é como parece a você, pois "você" realmente não existe.

Mas se você não existe, o que existe? Bem, parece que os *scripts* são reais, e estão anotados num domínio imaginal que pode ser mais real do que aquilo que nós percebemos.

O DOMÍNIO IMAGINAL

No modelo de *scripts*, o observador, ao observar, torna-se realmente o corpo. Os corpos são, num certo sentido, "*scripts* vivos". No nível do corpo, o observado e o observador são a mesma coisa.

Agora, como eu disse, há um número infinito de *scripts* paralelos. Essa idéia provém da teoria dos mundos paralelos na física quântica. Porém, podemos experimentar simultaneamente os mundos paralelos, ou temos de nos dividir em miríades de realidades paralelas? A resposta é sim para a primeira pergunta e não para a segunda. Podemos experimentar mundos paralelos simultâneos sem nos dividirmos. Quando uma tal experiência ocorre, entramos numa forma de realidade mítica atemporal. Nenhum pipoco realmente ocorre quando nós vemos simultaneamente mundos paralelos, como, por exemplo, quando nós vemos o desenho na Figura 5.1 como um remendo de figuras geométricas. Desse modo, nada muda; tudo apenas é. Porém, quando nós vemos um cubo pipocar para dentro da existência, nós vemos um mundo ou outro porque o nosso eu-companheiro também vê o mundo oposto ou o outro. O pipoco que parece atirá-lo num mundo ou no outro é o salto quântico, que assinala a passagem do tempo e a divisão da mente unificada em seu todo numa única mente que percebe um só mundo.

A sobreposição de mundos paralelos (vista na Figura 5.1 como um remendo de figuras geométricas) pode ser imaginada como sendo a mente sem a distinção sujeito-objeto. É o domínio da subjetividade pura; o domínio da consciência sem um objeto de consciência. Aqui não há saltos nem pipocos. Nós temos o mundo de todas as possibilidades emergindo simultaneamente e, não obstante, nada é realizado. Pois não existe realizador e não existe realizado. Essa sobreposição de possibilidades não-observadas está tão ontologicamente "presente" quanto os remendos geométricos estão presentes no desenho. Pode-se pensar nele como alternativas reais num domínio imaginal que persiste além do tempo. Em nossa nova alquimia, ele pode ser imaginado como o campo de *aleph* contendo as possibilidades de *bayt* trazido para o tempo e o espaço por meio da ação de *ghimel* e gravado nas memórias como o campo de *dallet*. Enquanto tal, o campo de vida de *hay* é realizado e tornado consciente.

A sobreposição de linhas de histórias paralelas ou de *scripts* corporais assemelha-se à concepção aborígine australiana de "tempo do sonho"[12] e à concepção de Henri Corbin do "domínio imaginal".[13]

Por mais nova que a concepção dessa realidade como tempo do sonho possa parecer a nós, os aborígines australianos afirmam ter, desse domínio, uma "lembrança" que remonta a cerca de 150.000 anos. A partir desse domínio, há muito tempo, o mundo da mente, da matéria e da energia emergiu como um sonho do "Grande Espírito". Desse modo, o pensamento aborígine sugere que o universo ou Deus está sonhando a existência de tudo o que nós experimentamos.

Figura 5.2. Um Único Você, Muitas Possibilidades. Ao olhar para esse pedaço de obra de arte aborígine, eu posso imaginar que as duas cobras indicam o entrelaçamento conjunto de histórias, uma delas começando no passado e a outra no futuro.

Henri Corbin, notável estudioso de assuntos islâmicos, foi o primeiro europeu a cunhar o termo "mundo imaginal". Em sua visão, esse domínio é ontologicamente real e, como sugerem as minhas próprias pesquisas a respeito da natureza do xamanismo, ele pode ser mais real do que a realidade que nós percebemos.[14] No entanto, essa realidade existe usualmente além da nossa percepção de vigília normal como um domínio real e, não obstante, atemporal. Eu quero dizer com isso que a qualidade do tempo que passa se desvanece, as coisas não mudam, e tudo bruxuleia como presente.

vav

ו

Vav, ou waw, representa o elemento copulativo, a energia "masculina", o ato primário ou fundamental de fertilização. Masculino tanto na sua ação como na sua forma, vav atua por meio de reprodução copulativa, produzindo sementes.

Vav é um arquétipo da potencialidade. Vav aparece na multiplicação. Significa e *em hebraico.*

CAPÍTULO 6

Fertilidade sem Fim: A Força Está Conosco?

O que era a vida? Ninguém sabia. Ela estava sem dúvida ciente de si mesma, desde que começou a existir; porém, ela não sabia o que ela era.
Thomas Mann
A Montanha Mágica

Que força desconhecida impele as moléculas vivas em direção ao seu futuro evolutivo? Essa força nos liga com Deus? Ela nos permite fazer ligações invisíveis com o *continuum* do espaço-tempo? Será que é por isso que a incerteza quântica existe — porque Deus utiliza a consciência humana para co-criar o universo? Ou será que Deus faz de nós a involuntária corporificação do espírito de Deus, sabendo que nós não podemos manifestar algo por conta própria, mas apenas atuar como robôs sob o olho e a mão vigilantes do nosso criador? Pense sobre isso. Será que uma força do destino, um impulso incessante com que um relojoeiro invisível dá corda no seu relógio, nos mantém sobre os nossos pés? Se for assim, poderíamos acreditar que não temos livre-arbítrio, que não temos uma mente independente e nem capacidade de fazer escolhas.

Porém, será que isso é verdade? Será que nada mais somos a não ser robôs que seguem uma força sutil que nos engole tão completamente que, como peixes no oceano, desconhecendo a existência da água, somos incapazes de discerni-la? Será que nós temos quaisquer escolhas nesse jogo evolutivo? Talvez. Se nós fizermos as escolhas aparentemente "corretas", não sentiremos resistência. Seguiremos cegamente com o incessante fluxo do tempo. Porém, se fizermos as escolhas "erradas", acabaremos sofrendo. Acabaremos sendo empurrados pela força, como uma corrente no oceano move um peixe ou como uma brisa na troposfera cutuca um pássaro que voa nas alturas.

Como poderemos tirar o véu que cobre uma tal força alquímica — um *vento do tempo* impelindo as moléculas vivas para o seu futuro evolutivo? Numa série de relatórios, o físico visionário John A. Wheeler pode nos ter dito como. Ele reviu o que a física quântica e a teoria da informação têm em comum no que se refere à antiquíssima pergunta: "Como a existência vem a ser?" Ele concluiu que o mundo não pode ser uma máquina gigantesca governada por uma lei preestabelecida. As leis da ciência como nós as conhecemos proporcionam meras idealizações que ocultam a verdadeira fonte de informações a partir das quais elas derivam. Fundamentalmente, não há universo de matéria-energia física sem o *ato elementar de participação do observador*, que Wheeler resume numa frase: *it from bit* (um *it* que vem de um *bit*) — ou, em termos bíblicos, como uma coisa surge de uma palavra. Em outras palavras, cada um de nós precisa assumir a responsabilidade de criar o mundo da maneira como ele aparece a nós. E a maneira como ele aparece a nós emana das nossas ações, que são, por sua vez, condicionadas por palavras e por símbolos.

Mesmo assim, por que escolhemos fazer as coisas que fazemos? Deus tem alguma coisa a ver ou a dizer a respeito das ações que decidimos realizar? Parece evidente que alguma força, talvez uma força suave, esteja guiando nossas mãos e nossa mente. "Como essa força passa a existir? Como podemos descobri-la?" De alguma maneira, precisamos entender não somente os jogadores do jogo da vida — moléculas de vida seguindo padrões complexos mas necessários — mas também as próprias *regras* que acionam esses padrões. Como essas regras surgem?

Talvez essas regras estejam, de alguma maneira, contidas em mensagens codificadas distribuídas ao longo de todo o espaço e surgindo espontaneamente em ocasiões específicas no tempo. Talvez, à medida que o universo se expande, essas regras apareçam, passando a existir nas "fronteiras" do espaço, "onde ninguém jamais esteve antes". Neste capítulo, nós exploraremos essa possibilidade, como tais regras poderiam ter surgido, de onde elas viriam, e por que elas precisam estar presentes, além das causas aparentemente aleatórias, mas deterministas, ditadas pela seleção natural. Poder-se-ia dizer que este é um capítulo a respeito das *regras quânticas* do jogo alquímico da vida.

DE ACORDO COM HOYLE

Em seu livro *The Intelligent Universe* (O Universo Inteligente), Sir Fred Hoyle argumenta que, embora nós sejamos uma espécie capaz de se maravilhar com a vida, com o universo e com tudo o que existe nele, dificilmente nos interessamos pelo nosso propósito na grande cadeia do ser.[1] Criamos os nossos filhos, ganhamos a vida e procuramos uma vida "melhor" para nós mesmos, questionando pouco e prestando pouca atenção aos nossos vizinhos. No entanto, ocasionalmente, olhamos para além da nossa vida individual e prestamos atenção naquele companheiro do outro lado da rua, do outro lado da nação, ou até mesmo do outro lado do mundo. Por quê? As ciências da biologia e da física nos levam a crer que isso nada tem a ver com moralidade e compaixão; que tem a ver, em vez disso, com a necessidade biológica pura e não-adulterada de reproduzir a nós mesmos, de garantir a existência da próxima geração. Porém, a que propósito isso serviria? Essa interminável cadeia da reprodução meramente prosseguiria rumo ao futuro infinito. Isso realmente significa alguma coisa?

De acordo com Hoyle, a ciência não tem outra explicação; a produção contínua é a única resposta. A máquina precisa prosseguir, destituída de mente e produzindo em quantidade, de maneira amoral, o produto seguinte, quer essa máquina seja baseada nas porcas e parafusos dos impulsos sexuais atuando como as pulsações das contínuas gerações sucessivas, ou como as engrenagens de cremalheiras da mecânica newtoniana atuando como a trituradora espinha dorsal reticulada da indústria.

Mas, se isso é tudo, indaga Hoyle, então por que nós temos, de uma maneira ou de outra, algum sentido de moralidade? Os biólogos argumentam que a moralidade é, simplesmente, uma maneira não-científica de entender o fato biológico de que os animais atuam em tribos, matilhas, cardumes ou colméias para garantir a sobrevivência — eles sobrevivem porque agem e trabalham juntos. Aqui, o partido comunista e o materialismo dialético pipocam na mente. Estamos, pois, preocupados com os nossos camaradas humanos porque essa é a maneira como nós, em última análise, asseguramos a nossa própria sobrevivência. Se pudéssemos sobreviver sem eles, não agiríamos cooperativamente e moralmente.

Mas, com certeza, se a mera sobrevivência da espécie fosse tudo, então poderíamos ter herdado outros fatores biológicos para aumentar as nossas chances. À medida que evoluímos ao longo da extensa linha do tempo, desde aproximadamente três milhões de anos atrás, quando viveram os nossos primeiros antepassados, por que não desenvolvemos a capacidade de correr mais depressa ou voar como os pássaros, de correr e voar como as lebres e as águias o fazem? Com certeza, essas características teriam nos ajudado ainda mais do que a cooperação mútua. Porém, não temos essas características. Na verdade, podemos desejá-las e converter esse desejo em máquinas que nos proporcionam artificialmente grandes velocidades e a capacidade de nos erguermos do solo — e isso, naturalmente, nós fazemos. Porém, o nosso desejo, até agora, não nos proporcionou essas características físicas. Se a seleção natural esteve em ação durante a nossa longa história da evolução, por que não ocorreu a possibilidade de asas nas nossas costas ou por que não foi encorajada a possibilidade de pernas longas capazes de movimentos rápidos? Por que o "relojoeiro cego" não escolheu essas características para os seres humanos?

Hoje, as pessoas acreditam que a teoria de Charles Darwin, da evolução biológica por meio da seleção natural, garante e explica a sobrevivência ou a extinção de qualquer espécie, e que a seleção natural garante a sua evolução ou a sua destruição. A teoria da seleção natural postula o fato de que as criaturas de uma única espécie passam a existir com uma variedade aleatória de características, as quais, em sua maioria, são boas, e algumas delas provavelmente neutras ou más. É claro que "boa" ou "má" se refere à capacidade da criatura de se adaptar ao seu ambiente. Criaturas com características apropriadas ao seu ambiente sobreviveriam, ao passo que aquelas destituídas das características apropriadas ao seu ambiente se extinguiriam. Desse modo, surge a noção de "sobrevivência do mais apto". Porém, não seria isso meramente uma racionalização do comportamento humano?

Trinta anos antes de Darwin, em 1830, os cientistas já conheciam as idéias contidas na teoria darwiniana. Então, por que as idéias não foram populares nessa ocasião? Porque a sociedade ainda não precisava delas. A teoria de Darwin se tornou útil, e desse modo popular, quando a era industrial emergiu. As empresas estavam competindo, entregando-se ferozmente à disputa, nações da Europa e outros lugares estavam procurando *lebensraum* (literalmente, "espaço de vida", e reis estavam fazendo manobras políticas à procura de vantagens jogando jogos de guerra com pessoas, e não com peões, nos tabuleiros de xadrez reais da vida — nas paisagens e metrópoles habitadas dos seus próprios países. Em outras palavras, a sociedade ocidental estava explorando desenfreadamente o mundo e começando aquilo a que hoje nós chamamos de visão de mundo cão-devora-cão, a visão de mundo do comércio. E a obra de Darwin *A Origem das Espécies* era exatamente a bíblia adequada a esse novo empreendimento. Veja você, a ciência e a indústria seguem juntas com as mãos enluvadas, não apenas com o propósito de conceber os meios técnicos de produção, mas também com o de empregar as forças alquímicas do mundo imaginal que alimentam tais empreendimentos. Desse modo, determinadas mentes, nos estados industrializados de uma certa sociedade, ao lerem Darwin, criaram o ambiente industrial como "prova" de que as teorias dele estavam corretas. Em seguida, essas mentes adotaram as teorias darwinianas da ciência e as tornaram populares, com as pessoas prontas para aceitarem essas teorias e para as defender, alimentando com mais combustível essas máquinas da sociedade. Esse circuito se tornou dominante e estável, um circuito onde o que nós pensamos tem o apoio do ambiente em que vivemos, o qual por sua vez limita e dirige o nosso pensamento, permitindo assim que a espécie sobreviva.

Vemos exemplos disso todos os dias. As empresas acreditam que, para sobreviver, elas precisam melhorar os seus produtos. Alguns meses depois que foi oferecido ao público consumidor, quase todo produto que vemos nas prateleiras das lojas trará agora as palavras "novo e melhorado" em seu rótulo. Mudar para melhor um produto comercial é considerado uma necessidade para a sobrevivência de um negócio, uma noção que se ajusta ao melhoramento darwiniano de uma espécie por meio da seleção natural. Assim como você ou eu selecionamos o "melhor" produto das prateleiras, garantindo assim a sua produção contínua, a Natureza seleciona que espécie seguirá o caminho do dinossauro e que espécie seguirá o caminho da mosca doméstica.

Em outras palavras, a teoria de Darwin tornou-se popular porque ela racionalizou a necessidade humana de competir, que, por sua vez, racionalizou a ganância humana e alimentou a revolução industrial.

A FORTUNA CEGA E O DARWINISMO MOLECULAR

Tendo as suas raízes no ambiente europeu pré-industrial, como foi explicado acima, hoje a teoria de Darwin parece estar presente até mesmo no nível molecular. Retroceda algumas centenas de anos antes dessa época e você verá uma gavinha. Por volta da época em que Anton van Leeuwenhoek inventou o microscópio, em 1673, pessoas foram levadas a acreditar que as espécies se formavam por inteiro e se separavam umas das outras mais ou menos da maneira como é descrita na Bíblia. Por exemplo, os seres humanos eram formados com características diferentes que levavam, naturalmente, às idéias de raça, de superioridade e de uma sociedade hierárquica com governantes divinos no topo e trabalhadores não-tão-divinos, da "casta" dos "intocáveis", bem no fundo. Esse modelo em camadas assegurava que a sociedade tivesse um direito divino reservado às classes governantes e a todas as camadas intermediárias, e que cada pessoa, independentemente da camada onde ela estivesse, deveria ser feliz. Pois, afinal, estar em um certo nível da camada do bolo significava que a pessoa estava certa quanto à posição em que ela deveria estar. Desse modo, as pessoas são o que elas são e deveriam estar contentes em permanecer no nível da sociedade onde elas se encontram.

Revoluções populistas contra essa teoria da ordem divina surgiam continuamente, em particular na França durante o século

XVIII. Com facilidade, a realeza esmagava essas revoluções atentadas contra a ordem divina. Porém, Jean Baptiste de Lamarck, que viveu na época da revolução francesa de 1812, tinha uma teoria, que resultou muito provavelmente do espírito da época, que contradizia o "bolo em camadas da ordem divina". Colocando de maneira simples, ele acreditava que os pais eram capazes de transferir à sua prole as características que eles adquiriram. Por exemplo, como o seu ambiente não proporcionava a necessária vegetação no solo, o ancestral da girafa, que tinha pescoço curto, passou a procurar por folhas nas árvores de galhos altos. Ela passou a esticar o pescoço para apanhá-las. Sua prole nasceu então com pescoços ligeiramente mais longos, e esse ciclo continuou ao longo do tempo até chegar ao animal de pescoço longo dos dias de hoje. Em conformidade com isso, um minerador de carvão de estatura elevada, que passa o seu tempo inclinado numa mina de carvão, deveria transferir aos seus filhos o encurvamento dos seus ombros adquirido no trabalho. Finalmente, proles advindas dele deveriam aparecer com estaturas mais baixas e ombros encurvados. Mas, naturalmente, isso não acontece.

O DNA é o elemento fundamental dos genes, e assim os genes são responsáveis pelas características de qualquer espécie. Sabemos que se nós mudarmos a estrutura genética de um animal, nós de fato mudaremos as suas características corporais. Porém, até agora, não há evidências de que uma mudança ambientalmente induzida em um corpo, tal como a perda de um membro, ou um braço mais grosso de um jogador de tênis, ou o cérebro desenvolvido de um jogador de xadrez, altere o código genético. Portanto, o lamarckismo, embora esteja passos adiante das "camadas divinas", parece, não obstante, estar errado — outra razão pela qual o darwinismo *parece* uma teoria verossímil.

"A única coisa que torna a evolução uma teoria tão esmerada", escreveu o zoólogo Richard Dawkins, "é o fato de que ela explica como a complexidade organizada pode surgir da simplicidade primordial."[2] Para provar isso, Dawkins e muitos outros seguidores darwinianos alardearam os antigos experimentos de Miller e de Urey. Em 1952-53, Stanley Miller e Harold Urey dispararam uma faísca de 60.000 volts gerada eletricamente através de uma garrafa contendo uma mistura gasosa de água, nitrogênio, metano, amônia, monóxido de carbono e dióxido de carbono. Eles repetiram esse evento repetidas vezes durante um período de vários dias. Seu propósito era simular a atmosfera da Terra cerca de 4,5 bilhões de anos atrás, uma atmosfera agitada por tempestades elétricas. Depois do experimento, eles constataram que surgira em sua garrafa uma espécie de lodo, que continha várias diferentes moléculas orgânicas — os tipos de moléculas associados com as coisas vivas. Entre elas havia aminoácidos — os blocos de construção do DNA.

Esse experimento foi repetido muitas vezes e nos leva ao seguinte raciocínio: uma vez que os aminoácidos são os blocos de construção das proteínas, e que as proteínas são os blocos de construção das coisas vivas, talvez seja assim que a própria vida começou. Muitas pessoas alardeiam isso como prova da teoria de Darwin da evolução molecular.[3] Conseqüentemente, a vida teria evoluído a partir de simples moléculas mortas até as estruturas complexas e vivas baseadas em proteínas que nós atualmente conhecemos tão bem. No entanto, não há evidências, em absoluto, de que alguma coisa como uma proteína jamais tenha sido produzida na lamacenta sopa primordial artificialmente criada e que se acreditava ter existido na aurora da vida.

Na verdade, as próprias proteínas são geradas pelo DNA de uma célula numa complexa série de processos. Algumas dessas proteínas são chamadas de *enzimas*. Hoje, conhecemos as estruturas moleculares de, talvez, 2.000 enzimas. Elas são metaforicamente concebidas como "armas" proteínicas utilizadas por uma célula em sua "batalha pela sobrevivência" contra o meio ambiente. As enzimas fornecem estações intermediárias onde outras moléculas ingressam, ligam-se por um momento, trocam energia, e em seguida partem deixando a enzima exatamente como ela era. Desse modo, as enzimas permitem que reações químicas vitais ocorram na célula, o que a capacita para continuar existindo, lutando contra os estilingues e as flechas da guerra molecular que ocorre continuamente no corpo. Sem as enzimas, essas reações químicas necessárias não ocorreriam, ou ocorreriam com tal lentidão que a vida celular seria impossível. Por exemplo, o alimento que ingerimos seria inútil para nós sem as enzimas, pois reação alguma que libere energia desse alimento jamais ocorreria.

Porém, repito que não há evidências de que qualquer processo, concebido de maneira semelhante ao experimento de Miller e de Urey, tenha criado uma única enzima. Então, como as enzimas poderiam ter evoluído naturalmente de aminoácidos? A teoria da origem da vida a partir da sopa orgânica lamacenta é claramente defeituosa. No entanto, a biologia moderna persiste nessa fantasia darwiniana, alegando com freqüência que apenas o mero acaso seria suficiente para produzir as cerca de 200.000 cadeias de aminoácidos necessárias para constituir moléculas tais como a de DNA e as enzimas, para mencionar apenas algumas. O argumento é mais ou menos este: Considerando que se trata de 4,5 bilhões de anos, e não de alguns dias, e de um oceano, e não de uma garrafa de laboratório, haveria tempo e espaço suficientes para assegurar que isso aconteceria. Porém, isso é um patente absurdo, como qualquer boa análise matemática nos mostraria.[4]

Poder-se-ia argumentar que, talvez, nosso mundo-vida é apenas um dentre um número muito grande de mundos-vida igualmente prováveis, e que, mesmo que a probabilidade para o nosso mundo-vida particular seja extremamente baixa, a probabilidade total para todos os mundos-vida igualmente prováveis é alta. Em outras palavras, a lama poderia ter produzido diferentes formas de vida com diferentes seqüências, que teriam evoluído em formas de vida inteligentes *como a nossa*, mas, não obstante, muito diferentes da nossa. Esse tema é, com freqüência, mostrado em programas de televisão de ficção científica. E talvez seja verdade. Mas ainda há um problema. Por que a evolução darwiniana? Por que as formas de vida não-inteligentes meramente não se adaptam de maneira mecânica aos ambientes em mudança, de maneira muito parecida com aquela pela qual um termostato se adapta a mudanças na temperatura de uma sala? Talvez alguns modelos darwinianos gerados por computador tentem reduzir a teoria da evolução apenas a um tal cenário.

Desse modo, de onde provêm as novas informações que fornecem as escolhas para a seleção natural? E como essas informações ingressam no mundo? Direi a você: Novas informações não são geradas no passado; com relação ao espaço e ao tempo, elas precisam provir do futuro. Antes de descartar essa teoria, considere as evidências. Considere também por que você pode estar se sentindo céptico.

INFORMAÇÕES VINDAS DO FUTURO

Parece que todos nós sabemos o que queremos dizer quando afirmamos que um evento ocorreu. Queremos dizer que alguma coisa aconteceu. Também queremos dizer, embora usualmente não digamos isso, que alguém observou o evento. Consideramos como certo que eventos *poderiam* ter ocorrido, mesmo que ninguém estivesse lá para observá-los. No final das contas, aquela árvore proverbial que encontramos por acaso, estendida num canto da floresta, *precisou* ter caído com um grande estrondo quando golpeou o solo em sua queda grandiosa. Eventos tais como a produção de ondas sonoras precisam acontecer independentemente da presença ou da ausência de seres com ouvidos ou com outros órgãos capazes de sentir tais eventos. Certo?

Esse ponto de vista é bastante natural e é chamado de *objetivismo*. Essa filosofia afirma que toda a realidade surge objetivamente, externamente e independentemente da mente. O conhecimento dessa realidade provém de objetos e de eventos observados numa base confiável — coisas que acontecem com esses objetos. Porém, suponha que a ciência tivesse comprovado que o objetivismo está errado. E então? Isso significaria que toda a realidade não é objetiva; que a realidade precisa ter uma qualidade subjetiva a ela associada (chamada de mente); e que a mente deve influenciar e, possivelmente, até mesmo mudar aquilo que sentimos estar situado objetivamente "lá fora". Em resumo, isso significaria que não existe um "lá fora" absoluto a menos que haja, "aqui dentro", uma mente que o perceba.

Portanto, uma percepção de um evento pode atuar de maneira precipitada, produzindo efetivamente o evento e conferindo a ele suas várias qualidades observáveis, incluindo as características biológicas vistas nas formas de vida. Embora essa visão talvez seja conceitualmente estranha, ela foi concebida pelas descobertas da física quântica. Essas descobertas mostram precisamente como os próprios eventos, coisas que acontecem no espaço e no tempo, são afetados pelas ações realizadas pelos observadores. Terei mais coisas a dizer a respeito do sincronismo dessas ações no próximo capítulo, mas deixe-me indicar aqui um desses resultados, chamado de *efeito Zenão*.

Suponha que se permita que dois sistemas elementares idênticos (tais como átomos ou moléculas) sob o nosso controle evoluam no tempo de duas diferentes maneiras: um dos sistemas é continuamente monitorado à medida que o tempo passa; o outro só é observado no princípio e no fim da sua evolução. Finalmente, os dois sistemas identicamente construídos são comparados. O que constatamos é que eles terminaram de maneira totalmente diferente, e o motivo dessa diferença foi apenas o número e a freqüência das observações.[5] O efeito Zenão mostra que simplesmente devido à escolha do que é observado, de quando e com que freqüência a observação é feita, o observador determina uma história real do objeto em evolução. Por exemplo, um átomo que esteja em vias de irradiar energia pode ser congelado simplesmente se for submetido a observações repetidas, de modo que ele nunca chegue a emitir a sua energia — algo que ele normalmente faria em alguns microssegundos se fosse observado apenas no começo e no fim da sua vida irradiante.

Certamente, preciso falar apenas a respeito de eventos atômicos e subatômicos — aqueles que ocorrem numa escala de tempo e de espaço tão pequena que eles não desempenhariam papel prático algum na evolução de uma espécie viva. Certo? Na verdade, esse argumento, em si mesmo, toca no ponto exato. Uma vez que a nossa evolução humana é inteiramente determinada pelos nossos códigos moleculares, o DNA e coisas semelhantes, observações que ocorrem numa escala tão pequena como o ambiente molecular estão destinadas a produzir efeitos na evolução de toda uma espécie. Na verdade, todo um universo e toda vida que há dentro dele poderiam ser afetados, e de fato o são, por tais observações que duram microssegundos ou nanossegundos. De fato, aplicações práticas desse fato ocorrem hoje diariamente.[6]

Suponhamos que isso seja tudo. Nessa escala, ocorrem certos tipos de observação, e elas codificam as regras e as instruções requeridas por uma forma de vida em evolução. Essa codificação permite que a forma de vida sobreviva e se reproduza. Desse modo, um observador, sabendo exatamente quando, o que e quão freqüentemente observar nessa escala poderia cutucar uma forma de vida impelindo-a para uma nova ação — na verdade, se o tempo fosse suficiente, para uma espécie totalmente nova. Tudo o que precisaríamos para isso seria um observador com informações novas, que teria a capacidade de torná-las disponíveis no ambiente.

Então, tudo aquilo de que a forma de vida precisaria seria uma instrução já codificada que permitiria a ela "escutar" essa informação. Uma vez que a forma de vida poderia estar em qualquer lugar e em qualquer tempo, a mente do observador precisaria estar, necessariamente, em qualquer lugar no ambiente.

Voltarei daqui a um momento a esse observador que vê tudo. Por ora, olhemos para a maneira como a forma de vida "aprende" essa instrução, a saber, a instrução que diz a ela como se instruir aprendendo a partir do ambiente.

O primeiro código absolutamente necessário seria uma afirmação que, em essência, diz à criatura: "Absorva informações do ambiente." A teoria da seleção natural é capaz de explicar como um tal código poderia ter sido absorvido pela primeira vez do ambiente por uma forma de vida que não tinha essa instrução codificada? Bem, suponhamos que houvesse noventa e nove criaturas quase idênticas com a característica não-absorva-informações-do-ambiente (NAIDA) e uma única com a característica absorva-informações-do-ambiente (AIDA). Se o ambiente não contiver informações ou se as informações que ele contenha, caso forem absorvidas, provocarem a morte dessa criatura, as noventa e nove criaturas NAIDA continuariam a sobreviver e a única criatura AIDA provavelmente morreria. Ela não sobreviveria uma vez que essa característica particular, AIDA, ou não seria necessária para a sobrevivência (supondo que AIDA substituísse outra característica necessária para a sobrevivência) ou então as informações, se fossem absorvidas, a matariam. Porém, se boas informações estão lá para serem coletadas — por exemplo, a capacidade para mudar com uma queda ambiental da temperatura — a criatura AIDA seria naturalmente selecionada devido ao simples fato de que ela estava presente quando o ambiente foi capaz de alimentar essa característica. Conseqüentemente, as noventa e nove criaturas NAIDA estariam em desvantagem uma vez que as novas informações capacitariam as gerações futuras da única AIDA a lidar com mudanças de temperatura, enquanto a prole das noventa e nove criaturas NAIDA não o conseguiria.[7]

Porém, por que a natureza produziria de maneira aleatória, mesmo que fosse uma única vez, a característica correta necessária para a sobrevivência futura? Naturalmente, poder-se-ia supor que a natureza produz todas as características possíveis que ela é capaz de produzir. Mas, de algum modo, eu sinto que isso é incorreto, simplesmente porque há muitos diferentes tipos de características. O mais leve ajuste numérico em qualquer uma delas as tornaria inúteis. No entanto, aqui estamos, evoluindo e, esperançosamente, sobrevivendo.

Uma resposta a essa pergunta afirma que as informações necessárias provêm do ambiente — não o ambiente prescrito pela *história* da espécie, do planeta ou mesmo do universo, mas sim, pelo *futuro* da espécie, do planeta ou do universo. Em outras palavras, *informações fluem para o presente vindas do futuro*. Com certeza, todos nós acreditamos no valor da compreensão tardia dos acontecimentos, isto é, depois que eles ocorreram. Acreditamos que podemos reviver eventos passados em nossas lembranças e reconhecer exatamente como mudá-los para torná-los melhores ou piores. Bem, imagine que você seja capaz não apenas de *olhar* para trás no tempo, em sua memória, mas também, efetivamente, de *voltar* no tempo e de fazer os ajustes que você desejava. Veja a si mesmo dando uma cutucada em algum evento que teve, no passado, conseqüências lamentáveis para você ou para outra pessoa. Essa cutucada não precisa despender muita energia; ela poderia ser uma mera expressão do seu rosto, testemunhada por outra pessoa, ou talvez uma ligeira mudança no seu tom de voz ao dirigir a palavra para essa outra pessoa. A física quântica nos permite esse tipo de liberdade mental, mas isso não é tão simples quanto a maneira como eu o apresento. Em outras palavras, é possível, num certo sentido físico-quântico, alterar o passado mudando a maneira como ele existe na memória. Isso não significa que nós realmente voltamos no tempo; o que isso significa é que nós acrescentamos detalhes a eventos que não estavam suficientemente especificados na época em que ocorreram. Por exemplo, poderíamos determinar por que meio um átomo viaja de um lugar para outro alterando a maneira como ele é percebido no final da sua viagem. Uma escolha dessa percepção "criaria" a história passada de uma maneira muito diferente de uma segunda escolha que poderíamos ter feito. Dessa maneira sutil, nós criamos um passado a partir de possíveis histórias "contrafatuais".

Se isso é verdade, então o tempo se refere, realmente, a quê?

zayn

ז

Zayn representa energia no processo de colapso, um estado que permite que novas possibilidades se manifestem. Zayn é imaginado como todas as possibilidades que resultam da disseminação da ação de vav. Enquanto vav é a produção particulada de sementes de possibilidades produzidas a partir de hay (vida), zayn é o campo ondulatório de possibilidades que crescem dessas sementes, e também pode ser concebido como o princípio básico ou principal da indeterminação.

Zayn canta "alguma coisa segue em frente", e a sua melodia pode ser realmente coisa de bufão.

CAPÍTULO 7

O meu Tempo é o seu Tempo: Tudo é Possível

"Você também aprendeu o segredo do rio —
que essa coisa chamada de tempo não existe?"
"Sim, Siddhartha, é isso o que você quer dizer?
O rio está em toda a parte ao mesmo tempo.
Está na fonte e está na foz. Está na cascata, no barco
que faz a travessia, na corrente em movimento e nas montanhas.
Em toda a parte. Só o presente existe para ele, e não a sombra
do passado nem a sombra do futuro."
"É isso", disse Siddhartha. "E então eu
aprendi, ao passar a minha vida em revista, que ela também
é um rio. Siddhartha o menino, Siddhartha o homem maduro
e Siddhartha o velho estavam separados apenas
pelas sombras e não pela realidade.
"As vidas passadas de Siddhartha também não estavam
no passado, e a sua morte e o seu retorno a Brahma não estão
no futuro. Nada foi, nada será, tudo tem realidade e presença."
Hermann Hesse
Siddhartha

Quando os físicos quânticos determinam a probabilidade de um evento, eles calculam um número. Esse número surge da multiplicação de duas funções matemáticas chamadas *funções de onda quânticas* (*quantum wave functions*) — ou, como eu as chamo, *qwiffs*. Imagina-se que as *qwiffs* sejam ondas reais movendo-se através do espaço e do tempo. No entanto, elas não são ondas reais; são puramente imaginais. Não são campos como os campos magnéticos ou os campos gravitacionais. Não podem ser medidas. Não têm massa nem energia. Elas existem em nossa mente e em nossa imaginação. Isto é, não existem como as coisas materiais reais existentes que observamos. As funções matemáticas *qwiffs* requerem que utilizemos tanto números reais como imaginários.[2] Usualmente, essas funções dependem do tempo, isto é, elas mudam especificamente como uma função de um símbolo, *t*, chamado de "variável tempo". Imaginamos que a variável tempo aumente ou diminua em valor e determinamos como essas funções mudam, num caso e no outro. Uma dessas funções é chamada de função ψ (letra grega psi) e a outra é chamada de função ψ^* (psi-estrela): ψ representa uma onda que se move para a frente no tempo; ψ^* representa uma onda que se move para trás no tempo.[3]

Imaginamos que os *qwiffs* existem por toda a parte no espaço e no tempo. Eles assumem papéis específicos entre aquilo que nós chamamos de *pontos finais*, ou *pontos limítrofes*, no espaço e no tempo — os eventos inicial e final da história de um objeto. Pensamos a respeito desses pontos *limítrofes* como eventos reais e imaginamos as ondas que se movem de um ponto final para o outro no tempo com ψ se dirigindo para a frente e ψ^* se dirigindo para trás (veja a Figura 7.1). Os dois *qwiffs* formam um *loop* temporal. A partir do ponto vantajoso fora do *loop*, um momento presente se liga num único *loop* no tempo com um evento futuro ou com um evento passado.

As leis dinâmicas que governam *loops* temporais criam uma história. Em outras palavras, quando um *loop* temporal é criado, o mundo que, comumente e incomumente, experimentamos como estando "lá fora" emerge tanto em nossa mente como naquilo que nós acreditamos que é a realidade objetivamente compartilhada.

A partir dos *loops* temporais, podemos figurar toda a realidade surgindo como a criação de uma história. Uma vez que os pontos finais são eventos bem-determinados, a história flui do domínio imaginal para a realidade do espaço e do tempo. A história torna-se uma realidade. Um *loop* temporal emerge do imaginal no real como se ele jorrasse de cada evento. A história se move para a frente no tempo a partir do evento inicial e para trás no tempo a partir do evento final. A história emerge entre os dois eventos.

Esses próprios eventos *limítrofes* também não são reais até que a linha de história surja. Um evento não *causa* o outro e nenhum evento *causa* o *loop* temporal. Os próprios eventos finais são apenas sobreposições de possibilidades no domínio imaginal. Quando eles se ligam no domínio imaginal e, desse modo, criam um *loop* temporal, a história toda emerge de uma só vez como uma realidade criada. Aqui, o ponto importante é que os pontos finais emergem no espaço e no tempo devido ao nosso *desejo* de ter uma história. Você e eu concebemos os eventos inicial e final, e em seguida os medimos, os vemos ou os sentimos de alguma maneira graças aos nossos sentidos e às nossas capacidades — às nossas sensibilidades. A história emerge no instante em que a sentimos, e não antes. Nós criamos a ambos, um passado e um presente, ou um futuro e um presente, para cada história que acreditamos ser verdadeira.

Na década de 1970, a idéia popular "crie a sua própria realidade" surgiu como um aforismo New Age. Na verdade, a idéia teve o seu princípio na física quântica. Os físicos, por volta dessa época, tinham compreendido que a física quântica *não* previa acontecimentos reais mas *previa* com precisão probabilidades para a ocorrência de eventos.[4] Porém, o que determina os eventos reais? Sempre que a probabilidade prevista para um evento, digamos o evento 1, está próxima da unidade (significando que é altamente provável que ele ocorra),[5] ela tende a aparecer com freqüência muito maior quando um experimento que envolva a possibilidade do evento 1 é repetido muitas vezes. Se se predisser que o evento 1 e um outro evento, digamos, o evento 2, ocorrerão com probabilidades de cinqüenta por cento, com certeza os resultados medidos ou observados depois de muitas tentativas tenderão a ser cinqüenta por cento o evento 1 e cinqüenta por cento o evento 2.[6]

O problema era este: "Como deveria ser considerada a probabilidade prevista para os eventos e a realidade desses eventos?" Probabilidades lidam com o domínio da mente (o "aqui dentro"), e realidades lidam com o domínio dos sentidos (o "lá fora"). Uma vez que a física, supostamente, lida com a "realidade" — a realidade supostamente situada "lá fora" — essas probabilidades também não estariam "lá fora", no espaço e no tempo? Ou estariam elas "aqui dentro", apenas em nossa mente? Em outras palavras, as probabilidades da física quântica, de alguma maneira, se infiltrariam nos eventos reais vindas do domínio imaginal? Esse campo de material mental — possibilidades — se espremeria no espaço-tempo como se fosse pasta dental vinda de algum tubo invisível e se infiltrando lentamente numa escova de dentes?[7]

Por mais estranho que isso possa parecer, se esse fosse o único problema com a física quântica, ela não seria considerada mais difícil do que outras teorias físicas, como, por exemplo, a mecânica estatística ou a termodinâmica estatística, onde as probabilidades ocorrem muito naturalmente, sem essa lenta infiltração.[8] Nesses ramos da ciência, nunca consideramos essas questões. Sabemos que eventos tais como o 1 e o 2 ocorrem devido ao fato de que os objetos reais *causam* a sua ocorrência, e somos simplesmente ignorantes dessas causas. Os eventos em questão ocorrem, sem dúvida, "lá fora", como, por exemplo, quando você lança uma moeda e a cobre com a sua mão antes que ela seja vista por alguma pessoa. As probabilidades para o evento 1, cara, e para o evento 2, coroa, estão com certeza na sua mente e na mente de outros observadores potenciais ("aqui dentro") da moeda. O ato de levantar sua mão revelará um desses eventos, o 1 ou o 2. Esse ato certamente ocorrerá "lá fora" no espaço e no tempo.

Porém, na física quântica, as coisas não funcionam dessa maneira. Parece que os eventos 1 e 2 não são sempre independentes das influências que a nossa atenção exerce sobre eles.[9] Por exemplo, suponha que substituímos a moeda por uma partícula rodopiante eletricamente carregada, tal como um elétron, e o piparote na moeda por um campo magnético. Imagina-se que os campos magnéticos tenham linhas invisíveis no espaço chamadas de "linhas de campo", que apontam de um pólo do ímã para o outro. Campos magnéticos dão piparotes em partículas rodopiantes carregadas de modo que o eixo de *spin* [o eixo de rotação] da partícula rodopiante aponta no sentido das linhas do campo ou no sentido oposto, como uma moeda com cara ou coroa.

Aqui, o evento 1 se torna de *spin*-paralelo e o evento 2 se torna de *spin*-antiparalelo — as duas únicas observações possíveis que podem ser feitas do sentido do eixo de *spin* do elétron em relação ao sentido do campo magnético. Dizemos que o elétron tem *spin para cima* ou *spin para baixo*.

Podemos pensar que isso não é um problema. Mas a física quântica é uma teoria muito estranha. Suponha que as linhas de campo magnéticas estão dirigidas do norte para o sul, e suponha que decidimos fazer um experimento onde inserimos um elétron lateral com *spin*-leste (um elétron real com o seu eixo de rotação apontando para o leste). A física quântica diz que esse único elétron *real* com *spin*-leste se comportará como se ele fosse dois elétrons *imaginários*: um elétron com *spin*-norte e um elétron com *spin*-sul, cada um deles num mundo paralelo. Para ilustrar, imagine que esse elétron lateral (*spin*-leste) é projetado através de um dispositivo que produz um campo magnético no sentido norte-sul. O dispositivo dirige o movimento do elétron num caminho por cima se o piparote inicial atirar o elétron no estado *spin*-norte ou num caminho por baixo se ele for atirado num estado *spin*-sul. Em seguida, o elétron é trazido de volta ao longo da sua direção de movimento original, de modo que ele apareça num orifício de saída movendo-se segundo a mesma direção que ele tinha quando entrou. Como eu disse, o dispositivo que produz o campo magnético *deveria ter* lançado o *spin* do elétron num sentido ou no outro. Conseqüentemente, *deveríamos* ver o elétron emergente com *spin*-norte ou *spin*-sul. Porém, como foi bem comprovado em incontáveis experimentos, o elétron nunca emerge do dispositivo num estado norte ou num estado sul, mas sim, no estado leste que ele tinha originalmente antes de entrar no dispositivo (veja a Figura 7.2).

Ora, isso é um mistério, se pensarmos a respeito: como parece que o elétron deveria seguir ao longo de um caminho ou do outro, não deveria existir uma maneira de ele se tornar *spin*-leste novamente (exceto por um golpe de sorte). Mais uma vez, isso poderia gerar um pequeno pensamento. Olhe para a Figura 7.2 e considere as opções. Na primeira opção, o campo magnético que aponta para o norte deveria ter piparoteado o *spin* do leste para o norte, de modo que o elétron se movesse ao longo do caminho por cima. Na se-

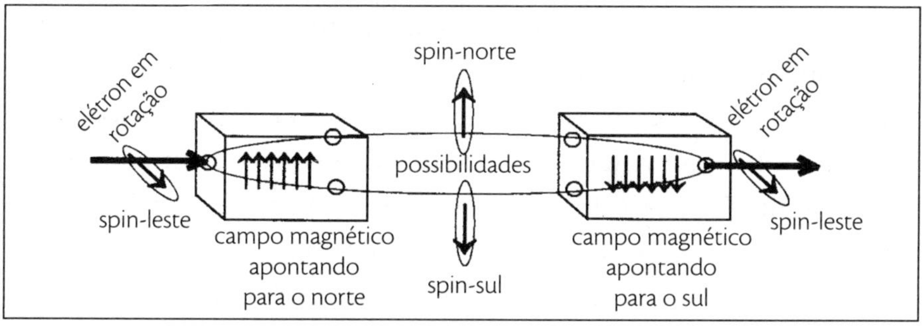

Figura 7.2. Realidades Paralelas Recombinadas. Um elétron com spin-leste no aparelho de Stern-Gerlach (em homenagem aos seus inventores).

gunda opção, o campo magnético deveria ter piparoteado o *spin* do leste para o sul, de modo que o elétron se movesse ao longo do caminho por baixo. Em qualquer dos casos, o campo magnético na segunda caixa deveria apenas confirmar o que o primeiro campo magnético fez. Ele não pode piparotear o *spin* para um sentido leste porque o campo aponta para o sentido sul. Tudo o que ele pode fazer é confirmar que o elétron está rodopiando com seu *spin* voltado para o norte ou para o sul. Se o elétron tivesse *spin*-norte, ele continuaria com esse *spin*. Se ele tivesse *spin*-sul, ele também continuaria com *spin*-sul, até finalmente sair da caixa.

Portanto, *deveríamos* esperar ver o elétron emergir com uma configuração *spin*-norte ou com uma configuração *spin*-sul. Porém, ele nunca faz isso. Ele sempre emerge com um *spin*-leste, exatamente o que ele tinha antes de entrar no dispositivo das duas caixas. Podemos apenas concluir que, de algum modo, o elétron não pode ser representado apenas por um dos caminhos, mas precisa ser representado, simultaneamente, por ambos os caminhos imaginados. Imaginamos que o elétron existe em dois mundos paralelos (*spin*-norte e *spin*-sul). Esses mundos imaginais sobrepõem-se para formar este mundo e nos dar o resultado *spin*-leste que observamos. A propósito, usei a palavra "imaginado" porque, se tentarmos observar o que está se passando, tudo muda.

Podemos verificar isso colocando um filtro bloqueador dentro do dispositivo; na verdade, podemos colocar o filtro em qualquer lugar dentro dele. Considere o que acontece se o colocarmos exatamente antes do orifício de saída do dispositivo, como é mostrado na Figura 7.3. Se o filtro bloquear o caminho por cima (veja o ponto preto bloqueando o caminho por cima), o elétron emergirá num estado *spin*-sul. Se o filtro bloquear o caminho por baixo, o elétron emergirá num estado *spin*-norte. Porém, se o filtro for removido, ele sempre emergirá num estado *spin*-leste.

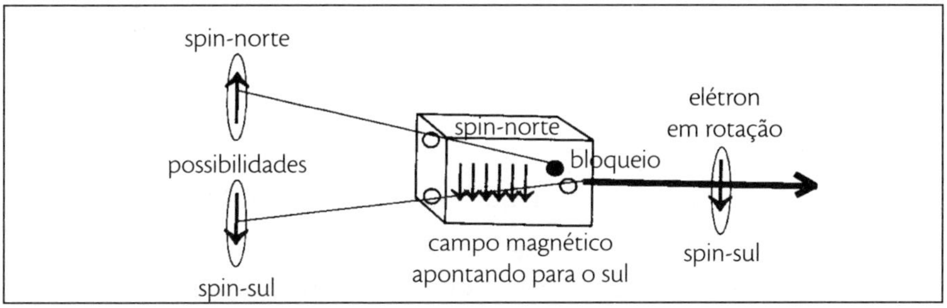

Figura 7.3. Realidades Paralelas Separadas. Uma possibilidade spin-norte é bloqueada no aparelho de Stern-Gerlach no último minuto.

Em que estado o elétron de fato se encontra exatamente antes de emergir do orifício de saída? No final das contas, o primeiro campo magnético não fez o seu trabalho e piparoteou o elétron com *spin*-leste no sentido do norte ou do sul? Suponha que nós colocamos o bloqueio em um dos caminhos (ou não) exatamente antes de o elétron passar através do orifício de saída final. Como pode aquilo que fazemos aqui, depois que o elétron atravessou ambas as caixas, produzir ou mudar alguma coisa que foi feita ao elétron antes? O senso comum no que diz respeito ao tempo diz que nada do que fazemos no final do experimento deveria afetar as condições de partida do experimento. Mas aí está a surpresa! O que fazemos no fim determina, em definitivo, a história completa do elétron — inclusive o seu princípio e a sua história. Essa história depende de nós. Nós, em última análise, determinamos o sentido norte, sul ou leste do *spin* que ele tinha depois que ele foi de encontro ao primeiro campo magnético ao:

A. inserir o filtro no caminho por baixo no final do experimento;

B. inserir o filtro no caminho por cima no final do experimento; ou

C. não inserir o filtro no final do experimento.

Conseqüentemente, nós criamos não apenas a realidade do sentido do *spin* do elétron, mas também criamos a sua história. Se optarmos por A, saberemos que o elétron emergirá seguindo o caminho por cima. Se optarmos por B, saberemos que o elétron emergirá seguindo o caminho por baixo. Porém, se optarmos por C, o que acontecerá? Como nós pensamos a respeito do elétron? A maioria dos físicos imagina que o elétron segue ambos os caminhos simultaneamente, de modo que as imagens interferem uma com a outra e, desse modo, reconstroem, a partir dos seus estados norte e sul potenciais (imaginais), o estado leste observado. Em qualquer caso, nós criamos a sua realidade, a sua inércia histórica, a condição mesma da sua própria existência no espaço e no tempo, e daí o *slogan*: "O observador cria a realidade."

E assim prossegue a história. Estamos vendo a mente se transformar em matéria.

TEMPO SUBJETIVO, OBSERVAÇÃO E IMAGINAÇÃO

Vimos que uma história real (a trajetória no espaço-tempo) de um elétron depende tanto do que fazemos no início da trajetória "imaginada" do elétron como do que fazemos no final do seu percurso ao longo de um aparelho. Quando e onde tornamo-nos cientes de tal história imaginada? Quando uma história imaginada torna-se uma história real? Os fatos parecem apoiar esta conclusão notável: Embora uma história dependa das nossas observações tanto do evento de partida como do evento de chegada, lembramo-nos da história como se estivéssemos cientes dela enquanto ela estava ocorrendo.

Em outras palavras, parece que "vivemos" a história enquanto ela acontece. Nós a tornamos uma história "viva". Vivemos num rio do tempo no qual a fonte do rio (o nosso passado) e o seu destino final à nossa frente (o nosso futuro) já existem. (Sei que isso soa maluco, mas, por favor, seja tolerante comigo um pouco mais enquanto eu levo esse raciocínio um passo adiante.)

Note que eu utilizo aqui as palavras *observado* e *imaginado*. A observação de uma história imaginada requer que os eventos inicial e final sejam especificados. Deixe um deles de fora e você não conseguirá especificar uma história precisa; nem terá uma lembrança dela; nem a experimentará. Ora, por "especificar" eu entendo alguma coisa específica: para se especificar uma história, ela precisa "entrar na consciência", "contentar o espírito", "deixar uma impressão na memória", e assim por diante. Uma vez que todos nós temos, "aqui dentro", experiências subjetivas e conscientes do mundo que sentimos estar "lá fora", todos nós acreditamos que sabemos o que essas afirmações significam. Porém, é difícil descobrir um modelo matemático ou científico da experiência consciente que possa ser testado.[10]

Evidências neurofisiológicas experimentais reunidas por Benjamin Libet e seus colaboradores (veja o Capítulo 5) apóiam a conclusão apresentada acima. Nada pode ingressar na consciência até que, pelo menos, um par de eventos físicos ocorra, e então uma história causal completa e lógica fica registrada *mesmo que ela nunca tenha realmente acontecido*. Podemos formar lembranças de eventos, histórias que fazem sentido para nós, enquanto as histórias imaginadas tiverem pontos inicial e final aceitáveis. A história coloca no lugar o seu próprio meio uma vez que o princípio e o fim são estabelecidos. Lembre-se: um único evento não pode se tornar consciente; ele realmente não acontece até que outro evento o confirme. (E há várias outras conseqüências técnicas interessantes, que eu não tenho espaço nem tempo para discutir aqui![11])

Nos experimentos de Libet, uma pessoa observava as suas próprias respostas conscientes "aqui dentro" a estímulos que eram impostos a partir do exterior, "lá fora". Em alguns casos, descobriu-se que a medida "objetiva" da cronometragem (*timing*) dos eventos do estímulo, conforme eram observados por um observador "lá fora" (depois do fato), apresentava uma reversão do tempo do ponto de vista do sujeito que os estava vivenciando diretamente "aqui dentro".

Essa reversão das experiências subjetivas conscientes "aqui dentro", em comparação com as observações objetivas "lá fora" daqueles eventos que trazem à tona experiências conscientes, pode ser o que cria a "ligação" da experiência consciente como ela é comumente sentida.[12] A experiência subjetiva, devido ao fato de que ela requer dois ou mais eventos, precisa necessariamente se tornar uma linha de história, uma história. Como tal, e apenas como tal, uma história será reconhecida depois dos fatos: primeiro os pontos inicial e final e em seguida a história. De fato, a história emerge depois que os pontos inicial e final foram decididos. Porém, do ponto de vista de além do espaço e do tempo — o domínio imaginal da consciência — podemos dizer igualmente: primeiro a história e em seguida os pontos inicial e final. De fato, os pontos inicial e final emergem depois que a história foi decidida. Uma "recordação" completa dos eventos ocorre entre os pontos inicial e final e é consistente com esses pontos.

Considere a concepção de história pessoal. Nossos traços de memória, ou registros históricos, embora ocorram no tempo, não ocorrem no espaço. Nossa mente, ou consciência, aparece na fronteira entre o real e o imaginal. A fronteira entre o espaço e o tempo surge aqui. O espaço está, fundamental e objetivamente, "lá fora", ao passo que o tempo está, fundamental e subjetivamente, "aqui dentro". No entanto, eles se sobrepõem. Nós imaginamos que o tempo está "lá fora" quando olhamos para uma estrela distante e pensamos a respeito do fato de a luz da estrela demorar muitos anos para atingir os nossos olhos. Nós imaginamos o espaço "aqui dentro" quando figuramos uma cena do nosso passado. Conseqüentemente, tornamo-nos cientes de uma história pessoal antes que ela termine e depois que ela começa. Porém, nós relatamos essa percepção, nós a colocamos na memória, depois que a história é completada.[13]

Aqui, nós também temos uma nova implicação: Ao construir um traço de memória pessoal, nós seguimos um curso lógico — um curso que assegura a sobrevivência da nossa espécie. A fim de sobreviver enquanto espécie, nós criamos a consciência como uma coleção de pensamentos. Esses pensamentos aparecem como figuras de cadeias causais de eventos. Esses eventos refletem as nossas experiências ou as histórias que nós aprendemos de outras pessoas. Essas experiências ingressam em processos físicos por meio dos nossos sentidos. Nós, usualmente, não nos lembramos de coisas bizarras como coisas que realmente tivessem acontecido conosco. Nós nos lembramos daquilo que chamamos de mundo "clássico", um mundo racional de causas e efeitos.

É isso o que a consciência faz: Ela constrói um mundo clássico[14] (aparentemente sensível, não-contraditório e não-paradoxal) baseado num mundo quântico (aparentemente não-sensível, contraditório e paradoxal). Desse modo, um traço de memória aparece como uma história clássica, com semelhança factual, e não como uma superposição de possibilidades paradoxais e contraditórias, com semelhança quântica. Construímos a realidade "lá fora" depois do fato, com compreensão tardia do que devia ter sido feito, mas nos tornamos cientes dela como uma linha de história, como uma história, antes mesmo de ela ser completada.

No exemplo acima do elétron rodopiante que entra na caixa 2 desprovida de anteparo (veja a Figura 7.2), suponha que nós observamos o elétron no ponto final de sua trajetória e constatamos que ele tem de fato *spin*-leste. Lembre-se da pergunta anterior: "O que imaginamos a respeito dele no meio, exatamente depois que ele emerge da primeira caixa e antes de ele entrar na segunda caixa?" Utilizando uma representação visual da física quântica, eu o desenhei como dois elétrons, um com *spin*-norte e o outro com *spin*-sul ao mesmo tempo (como o fiz na Figura 7.2). Ora, em um mundo quântico imaginal, isso não é surpreendente. Não há problema, uma vez que, em meu mundo imaginal, o leste não é realmente leste, ele é norte e sul. Um elétron não é realmente apenas um elétron, ele é dois elétrons. Porém, num mundo real, um mundo que eu posso observar, isso não pode existir. Apenas um elétron se mostra. O seu *spin* precisa estar apontando para o sul ou para o norte depois de ele emergir da caixa 1. No mundo imaginal, o elétron tem o seu *spin* voltado para o norte e para o sul simultaneamente. Porém, no mundo real, isso viola a consistência lógica. Ele não pode ter esses atributos simultaneamente em nenhum mundo real em que vivemos. Nós nunca veremos isso acontecer. O que é verdadeiro para o mundo real não o é para o mundo imaginal. De fato, precisamos não perder de vista simultaneamente ambos os sentidos do *spin* para criar a história real e observada.

Aqui, surge uma nova idéia. Uma história é uma realização clássica imaginada de uma seqüência de eventos não-realizável — quânticos-impossíveis. Nós criamos um mundo de eventos em nossa mente, conferindo a eles exatamente os atributos que nós exigimos para completar a história, mesmo que muitos desses atributos nunca tenham sido efetivamente vivenciados. Em outras palavras, nós preenchemos os lugares vazios (o que é semelhante a preencher uma visão nos locais onde os pontos cegos dos nossos olhos não conseguem ver). Esses lugares vazios existem devido ao princípio da incerteza da física quântica, que não permite a emergência de todos os detalhes possíveis dos eventos. Esses vários detalhes não podem existir simultaneamente em nenhum universo isolado, mas precisam existir como possibilidades complementares em mundos paralelos.

Volte ao Capítulo 5 por um momento e olhe para a Figura 5.1. Lembre-se de que essa figura é uma analogia do mundo quântico.

Quando vemos o cubo, nós nos defrontamos com a orientação do cubo relativamente a nós como se o estivéssemos olhando de baixo para cima ou de cima para baixo. São esses os estados únicos do cubo como são vistos num mundo real. Porém, quando vemos a figura como peças pretas contra um fundo branco, estamos vendo uma visão complementar. O complemento também aparece como uma visão do mundo real. Porém, nós não podemos ver, simultaneamente, peças planas e um cubo tridimensional. Essa figura existe apenas no mundo imaginal. Ver peças planas significa sobrepor duas "visões de cubo" possíveis.[15]

Desse modo, o mundo imaginal não são apenas as visões de uma mente perturbada ou o pensamento anelante de uma pessoa esperançosa. Nós precisamos dele para que o domínio físico faça sentido. As possibilidades quânticas transformam-se em realidades: um mundo que todos nós vemos e que acreditamos estar "lá fora". A física quântica nos ensina que isso acontece devido a um duplo fluxo dentro do tempo; uma fonte envia do passado jorros vibratórios igualmente fortes (ψ) que viajam para a frente no tempo, e uma fonte que, do futuro, emite "ondas de ressaca" (*surging waves*) (ψ^*) que viajam para trás no tempo. As duas correntes interferem e, onde quer que o façam, a mente, fora do espaço e do tempo, vivencia uma experiência semelhante a estar dentro do espaço e do tempo.

Loops temporais como esses fluxos duplos aparecem como histórias. Todas as histórias precisam ter princípio e fim juntamente com uma ligação entre eles. As histórias surgem como experiências durante a passagem do princípio ao fim, mesmo que o fim ainda não tenha acontecido. Sem o fim já estabelecido no futuro, a história não emerge. Dessa maneira, o paradoxo do destino e do livre-arbítrio é resolvido. Pois, ao longo da jornada, a mente precisa agir continuamente. Assim como um barqueiro que dirige um barco num rio, a mente precisa manobrar o seu leme, e ela pode fazê-lo de duas maneiras complementares: ir com o fluxo ou se opor a ele. Desse modo, nossa vida segue um caminho que nós vivenciamos livremente utilizando nossas habilidades para escolher a partir de possibilidades complementares (como o cubo na Figura 5.1). Alterando nossos lemes, nós ajustamos a nossa mente esperando que as nossas ações façam sentido e encontrem significado nos mundos simultaneamente existentes do "lá fora" e do "aqui dentro".

hhayt

ח

À medida que progredimos ao longo de nossa linha de letras hebraicas, vemos que cada letra flui naturalmente daquela que a precede. A oitava letra, hhayt, representa a síntese fundamental de energia. Com hhayt, nós temos o turvo princípio da existência física. Embora ainda seja uma semente, hhayt representa o resumo ou o armazenamento das várias possibilidades representadas por zayn.

Hhayt pode ser visto como um reservatório de energia não-estruturada, que não especifica nenhum estado de energia. Porém, ela ainda não está realizada, como tal, pois ainda se encontra no estado de semeadura.

CAPÍTULO 8

Significado e Manifestação: A Grande Reunião

Não há espírito nem matéria no mundo; o "estofo do universo" é espírito-matéria. Nenhuma outra substância além dessa poderia produzir a molécula humana.
Pierre Teilhard de Chardin
Paleontólogo jesuíta

Einstein relutou muito em aceitar o lado fantástico do modelo padrão da física quântica. Esse modelo supõe que um observador exerce um estranho efeito sobre tudo o que é observado — a saber, o observador é a causa de que uma única realidade pipoque para fora de uma nuvem de possibilidades. É uma idéia muito esquisita, difícil de ser aceita pelos físicos, pois eles gostam de explicar as coisas de uma maneira "racional". Desse modo, para evitar essa idéia mágica de um salto pipocante da mente na matéria, um físico inventou a teoria dos universos paralelos — ou dos muitos mundos — da física quântica (como é discutida no Capítulo 5). Ela afirma que o observador não causa uma ação pipocante. Em vez disso, o observador apenas interage com o objeto que está sendo observado, e se esse objeto tivesse vários resultados possíveis, então o observador também se encontraria testemunhando cada resultado possível num diferente mundo paralelo.

Certa vez, Einstein disse ao inventor dessa teoria dos universos paralelos, o físico Hugh Everett,[1] da Universidade de Princeton, que ele não era capaz de imaginar como um camundongo poderia mudar o mundo simplesmente observando-o. Everett respondeu que não foi o universo que foi mudado pelo camundongo, mas, isto sim, que foi o camundongo que foi mudado pelo universo.[2] Em vez de seguir um único curso ao longo da história, o camundongo segue vários caminhos em universos paralelos — cada caminho dividindo-se numa nova história comparável, à medida que o camundongo segue fungando o seu caminho, à procura do queijo. E, assim como o camundongo caminha, também caminhamos você e eu.

Em conformidade com isso, cada linha de história que nós seguimos conecta *significativamente* um único evento futuro — um evento que está destinado a ocorrer — com um evento passado real. Esses eventos ocorrem em cada mundo e, portanto, existem em todos eles. Se nós imaginarmos os mundos paralelos como folhas de papel, poderemos conceber os pontos extremos como perfurações que atravessam todas as folhas. E o nosso conhecimento ou percepção presente depende da sua relação tanto com o único evento passado real como com o único evento futuro destinado, os quais perfuram todas as realidades paralelas nas quais nós existimos. Assim, o que experimentamos agora depende, de maneiras novas e inesperadas, tanto do passado como do futuro. Desse modo, embora possa parecer que é assim, um único evento passado, supostamente já estabelecido, ou mesmo uma seqüência de eventos passados, não determina o presente. O *futuro* também desempenha um papel. Essa dependência da nossa percepção presente com relação a um único evento futuro, a um único evento passado e à presença de outras linhas de história paralelas não apenas estabelece a linha de história que nós seguimos, mas também nos proporciona o sentimento do livre-arbítrio — a sensação de que nós poderíamos ter tomado um outro caminho ao longo da vida. E, por assim dizer, nós tomamos.

No entanto, a vida parece prosseguir de maneira muito normal. Por que não podemos nos tornar cientes dessas outras histórias? Por que não vemos no futuro? O que nos torna exclusivamente cientes desta linha de história e, de qualquer maneira, onde estão aqueles outros *eus*?

Como se verifica, a linha de história que tem a maior probabilidade se torna aquela da qual estamos cientes. Ela se torna a história de que nos lembramos. Essa história, por sua vez, se torna expressivamente significativa. E o próprio significado tem uma base físico-quântica: o significado expressivo surge como a história mais provável entre um evento no futuro e um evento no passado. Em conseqüência, aquilo que é significativo acaba se comprovando como aquilo que é mais provável, mais plausível e dependente de uma porção de coisas, inclusive daquilo que nós acreditamos e da cultura que aceitamos como real.

Universos paralelos — outros mundos inexoravelmente ligados ao nosso próprio mundo — desempenham um papel crítico no funcionamento dessas linhas de história. Quando vemos as coisas de novo, ingressamos num universo paralelo onde temos a oportunidade de reinventar a nós mesmos. Ao fazê-lo, ingressamos num novo mundo paralelo. Nós já existimos nesses mundos paralelos; somente o nosso ponto de vista mudou. A procura por significado na vida é, efetivamente, uma procura real — uma odisséia ou exploração — em muitos mundos paralelos de possibilidades que parecem mudar com cada ação que nós empreendemos. Nossas observações realmente não nos mudam nem mudam os muitos mundos ao nosso redor, mas proporcionam novos significados à nossa vida quando mudamos o nosso ponto de vista entre mundos. Esse esquema funciona porque a extensão ao redor de cada coisa é uma aura alquímica no espaço e no tempo. Esse campo é totalmente físico. Ele aparece como luz e essa luz não é capturada por, ou confinada em, qualquer mundo ou evento isolados, mas corresponde a transições *entre* mundos ou eventos.

JOE SIXPACK, UM DRAMA NÔ E QUALQUER DITADOR DE QUEM VOCÊ QUEIRA SE LEMBRAR

Imagine que você está dando um passeio pela vizinhança. Enquanto você serpenteia descendo a rua numa tarde quente de verão, você passa por um bar onde há fregueses cuspindo na calçada. Você decide prestar atenção num desses fregueses, um tipo que nós chamaremos de Joe Sixpack.

Joe está bebendo de uma garrafa de cerveja e falando em voz alta. Ele o percebe quando você passa por perto. Talvez você seja uma mulher atraente, e não seria uma surpresa se Joe a notasse. Talvez você seja um homem de meia-idade usando *jeans* e um pulôver sem colarinho, e por isso você não atrairia atenção alguma de Mr. Sixpack. Ou talvez você esteja usando terno e gravata, ou um *smoking*, ou um vestido de casamento. Imagine o aspecto do rosto de Joe quando você passa por ele em cada um desses cenários.

Agora, quero que você imagine que ao seu redor há uma bolha gigantesca. Você está exatamente no centro da bolha, e desse modo ela se estende em todas as direções a partir do seu corpo, penetrando até mesmo dentro do solo sobre o qual você caminha, e se prolongando no ar acima da sua cabeça. Você poderá, se quiser, chamar essa bolha de *campo áurico*. A bolha forma o seu campo de possibilidades alquímicas. Ela representa a que distância do seu corpo a sua presença é detectável, tanto no espaço — na medida em que a sua imagem existe e persiste na memória das pessoas — como no tempo. A bolha também se estende para dentro de mundos paralelos. Por isso, você poderá ser detectado de muitas diferentes maneiras. As pessoas podem vê-lo a distância. Elas podem ouvi-lo chegando. Talvez elas possam até mesmo sentir o seu cheiro quando você se aproxima — você "malhou" recentemente e ainda não tomou banho, ou está usando perfume. Ou, talvez, alguém esteja pensando a seu respeito, lembrando-se de você quando criança; o seu campo se estende recuando muito no tempo, até o momento em que essa pessoa se encontrou com o seu eu mais jovem.

Agora, olhe para Joe. Quando você se aproximou do bar, você o viu de longe, e como ele estava bebendo e falando em voz alta, você pode tê-lo ouvido bem antes de tê-lo visto. A bolha que se estendia a partir do corpo de Joe se prolongava até a distância em que você o sentiu pela primeira vez. Então, você não deveria ficar surpreso pelo fato de que ele e outras pessoas na frente do bar também *sentiram* que você estava vindo. Não é importante explicitar qual dos seis sentidos foi utilizado para detectar a sua presença.[3] O importante *é* o fato de que você foi sentido muito antes de passar em frente ao bar. O seu campo o acompanha até onde quer que você vá. E ele muda. Às vezes, ele se estende até muito longe, cem metros mais ou menos, particularmente nos dias em que você quer se "anunciar" ao mundo. Em outras ocasiões, ele pode estar afastado do seu corpo apenas alguns centímetros. Nessas ocasiões, você talvez tenha sido repreendido, ou esteja se sentindo exausto ou, simplesmente, não queira ser notado.

Os dramas do teatro nô japonês proporcionam um exemplo interessante dos campos áuricos em ação. Os atores do teatro nô usam vários trajes à medida que vão aparecendo no palco. Aqueles que mais chamam a atenção são os que trajam as roupas mais coloridas — tendo às vezes longas cabeleiras alaranjadas, sugerindo que são leões, e usando elaboradas máscaras brancas sem expressão. Conforme esses personagens se movimentam pelo palco, eles com freqüência dançam ou saltam.

À medida que o drama prossegue, a música é tocada por músicos "invisíveis" — que podem ser vistos no palco apenas se nós olharmos para eles. Às vezes, a música é triste, e isso nos faz "ver" tristeza no grande rosto branco do ator de cabelos alaranjados. Em outras ocasiões, os músicos invisíveis tocam música alegre quando o ator salta, e agora nós "vemos" felicidade. A face branca e sem expressão, subitamente, parece estar sorrindo. Poderíamos pensar que a branca máscara facial mudou quando não a estávamos olhando. Talvez. Porém, o mais provável é que ela não o tivesse feito. Nós estávamos apenas vivenciando o campo áurico do ator. Ele se estende bastante longe no espaço e no tempo dessa experiência teatral. Ele inclui os nossos sentimentos, que vão surgindo à medida que respondemos ao ator. Pois esse ator precisa ser notado; ele é o *show*. Mas sem nós o *show* não existe. Portanto, podemos mudar o *show*.

Por exemplo, de tempos em tempos a nossa atenção se desviará e, subitamente, veremos outras pessoas no palco, com freqüência de menor estatura, completamente vestidas de negro e com os rostos cobertos. Essas pessoas movimentam objetos no palco e mudam o cenário de fundo. Quando eu vi pela primeira vez um drama nô, fui instruído a ignorar essas pessoas de negro. Naturalmente, assim que me disseram isso, minha atenção se dirigiu diretamente para elas. De fato, precisei de algum tempo para começar a "esquecê-las", tarefa que foi ficando mais fácil à medida que o drama se desenvolvia e à medida que eu passei a me interessar intensamente pelo ator de cabeleira alaranjada.

Pode-se crer facilmente que os atores têm grandes campos áuricos. Atores e atrizes de filmes têm auras enormes — considere a recentemente falecida Audrey Hepburn, ou Sean Connery, ou Madonna. E nem todos os campos áuricos são divertidos ou agradáveis. Pessoas notórias também são dotadas de grandes auras — considere, por exemplo, Saddam Hussein. O campo do ditador se estende sobre todo o Iraque, está em cada lar, em cada sítio, em cada fábrica. Não se permite jamais que a imagem dele, que está constantemente mudando graças ao uso de diferentes fotografias do seu rosto e do seu corpo, desapareça da mente e das lembranças do povo iraquiano. Na verdade, todos os ditadores utilizam essa técnica. Os seus campos abarcam amplas extensões do espaço-tempo — particularmente do tempo, uma vez que as suas imagens persistem em nossa memória.

Podemos nos perguntar: "Onde esse campo áurico existe? Nas próprias pessoas? Em nossa mente quando as observamos?"

Bem, prossiga em sua viagem pelas suas vizinhanças pensando em Joe Sixpack, nos atores japoneses de nô e em Saddam. Ao fazê-lo, você poderá apreender a idéia de que são necessárias duas coisas para fazer um campo áurico: a fonte do campo e o observador, ou detector, desse campo. Apenas a fonte, por si mesma, embora ela possa estar emitindo esse campo, irradiando-o no espaço e no tempo, não faz um campo. Se não houver respostas vindas dos possíveis observadores, ou da audiência, o emissor não tem sequer meios de saber se o seu campo está presente. Quando os atores não obtêm *feedback* da sua audiência, eles podem alterar a sua *performance* de modo a "ajustar" a intensidade do campo. Ditadores podem impor mais ou menos terror para fortalecer o seu campo. Tudo depende daquele que percebe o campo.

Agora, pedirei a você para fazer algo que parecerá até mesmo mais estranho do que os passos precedentes. Imagine que você é capaz de parar o tempo. Você se lembra de ter brincado com um *flipbook* quando era criança? *Flipbooks* são livros pequenos contendo várias figuras num único lado de cada página, uma em seguida à outra. As figuras são todas ligeiramente diferentes. Você segura a lombada do livro com uma das mãos e em seguida folheia rapidamente as páginas com as figuras. O que você vê é equivalente a um filme — fotogramas isolados dando a ilusão do movimento.

Agora, imagine o seguinte no seu estado de tempo congelado. O universo consiste em gigantescos *flipbooks* — um número infinito de livros e um número infinito de fotogramas em cada livro. Pense nisso como uma biblioteca virtual de fotogramas isolados que existem em duas dimensões, como páginas de livros de figuras. A chave é que tudo isso são apenas dados, *bits* ou padrões organizados; mas, quando são agrupados e arranjados — folheados rapidamente, por assim dizer — eles se convertem nas experiências motrizes da nossa vida cotidiana.

O ATEMPORAL COMO SEDE DO TEMPO

Imagine um mágico descendo por uma escadaria. A cada degrau que o mágico desce, ele libera energia potencial, da mesma maneira que uma bola o faz ao rolar pelos degraus, saltando até o chão. Imagine que uma unidade de energia é liberada a cada degrau que é descido. Agora, imagine que os degraus descendentes são numerados como 1, 2, 3, e assim por diante, com o número 1 correspondendo ao degrau do topo, e que o mágico esteja de pé no degrau 1. Em algum instante imprevisível, o mágico dará um salto quântico — uma transição para um degrau inferior. Ele poderia saltar para baixo, para o segundo, o terceiro, o quarto... ou para o nível do chão. O número efetivo de saltos depende de quantos degraus existem até o chão.

Suponhamos que a escadaria tenha seis degraus. Independentemente de quantos saltos o mágico der, contanto que ele atinja o nível do chão, ele irá liberar a mesma quantidade de energia potencial. Na verdade, ele poderia até mesmo descer alguns degraus, em seguida subir de volta um degrau ou dois, e então prosseguir na descida. Ele irá sempre liberar a mesma quantidade de energia, contanto que comece no degrau do topo e termine no chão. Desse modo, há muitas maneiras pelas quais ele poderia descer até o nível do chão.

Na Tabela 8.1, eu listei alguns típicos caminhos para baixo, sem incluir os casos em que o mágico tenta subir novamente um

Tabela 8.1. Números de Possibilidades Diferentes

<table>
<tr><th>Número de Degraus Num Andar</th><th>Seqüências de Degraus</th><th>Número de Saltos</th><th>Energia</th><th>Número de Andares</th></tr>
<tr><td>2</td><td>1, 2</td><td>1</td><td>1</td><td>1</td></tr>
<tr><td rowspan="2">3</td><td>1, 2, 3</td><td>2</td><td>2</td><td>1</td></tr>
<tr><td>1, 3</td><td>1</td><td>2</td><td>1</td></tr>
<tr><td rowspan="4">4</td><td>1, 2, 3, 4</td><td>3</td><td>3</td><td>1</td></tr>
<tr><td>1, 2, 4</td><td>2</td><td>3</td><td rowspan="2">2</td></tr>
<tr><td>1, 3, 4</td><td>2</td><td>3</td></tr>
<tr><td>1, 4</td><td>1</td><td>3</td><td>1</td></tr>
<tr><td rowspan="8">5</td><td>1, 2, 3, 4, 5</td><td>4</td><td>4</td><td>1</td></tr>
<tr><td>1, 2, 3, 5</td><td>3</td><td>4</td><td rowspan="3">3</td></tr>
<tr><td>1, 2, 4, 5</td><td>3</td><td>4</td></tr>
<tr><td>1, 3, 4, 5</td><td>3</td><td>4</td></tr>
<tr><td>1, 2, 5</td><td>2</td><td>4</td><td rowspan="3">3</td></tr>
<tr><td>1, 3, 5</td><td>2</td><td>4</td></tr>
<tr><td>1, 4, 5</td><td>2</td><td>4</td></tr>
<tr><td>1, 5</td><td>1</td><td>4</td><td>1</td></tr>
<tr><td rowspan="16">6</td><td>1, 2, 3, 4, 5, 6</td><td>5</td><td>5</td><td>1</td></tr>
<tr><td>1, 2, 3, 4, 6</td><td>4</td><td>5</td><td rowspan="4">4</td></tr>
<tr><td>1, 2, 3, 5, 6</td><td>4</td><td>5</td></tr>
<tr><td>1, 2, 4, 5, 6</td><td>4</td><td>5</td></tr>
<tr><td>1, 3, 4, 5, 6</td><td>4</td><td>5</td></tr>
<tr><td>1, 2, 3, 6</td><td>3</td><td>5</td><td rowspan="6">6</td></tr>
<tr><td>1, 2, 4, 6</td><td>3</td><td>5</td></tr>
<tr><td>1, 2, 5, 6</td><td>3</td><td>5</td></tr>
<tr><td>1, 3, 4, 6</td><td>3</td><td>5</td></tr>
<tr><td>1, 3, 5, 6</td><td>3</td><td>5</td></tr>
<tr><td>1, 4, 5, 6</td><td>3</td><td>5</td></tr>
<tr><td>1, 2, 6</td><td>2</td><td>5</td><td rowspan="4">4</td></tr>
<tr><td>1, 3, 6</td><td>2</td><td>5</td></tr>
<tr><td>1, 4, 6</td><td>2</td><td>5</td></tr>
<tr><td>1, 5, 6</td><td>2</td><td>5</td></tr>
<tr><td>1, 6</td><td>1</td><td>5</td><td>1</td></tr>
</table>

A última coluna nos diz a probabilidade que um determinado cenário tem de ocorrer. Por exemplo, na escada de seis degraus, a ocorrência de um salto de três degraus é seis vezes mais provável do que um salto de um único degrau ou do que um salto de cinco degraus.

ou mais degraus para depois prosseguir na descida. A tabela mostra os diferentes números de maneiras pelas quais uma descida poderia acontecer, dependendo do número de degraus e do número de saltos que ele dê. Por exemplo, ao descer seis degraus, o mágico poderia saltar diretamente até o chão ou poderia fazê-lo descendo um degrau de cada vez. No entanto, a maneira mais provável é que ele desça em três saltos. Ele poderia fazer isso de seis maneiras diferentes. Desse modo, se não considerarmos a maneira *como* ele o faz, mas apenas contarmos o número de saltos que ele dá, o mais provável é que ele desça em três saltos.

Como acontece com o mágico, também acontece com todo o universo. Pois parece que o universo também está seguindo um caminho descendente de um certo tipo. Ele parece estar descendo, só que dessa vez a descida é no tempo e, pelo que parece, a espiral descendente é um ganho de informação e uma perda de ordem — parece que o universo está ficando gradualmente mais inteligente, como também parece que ele está perdendo ordem e se tornando mais caótico. A questão é: "Como?" E a resposta é, novamente: "Em saltos." E ele parece estar seguindo todos os caminhos descendentes possíveis. A seqüência mais provável parece a única seqüência seguida; mas, na realidade, todas elas estão ocorrendo simultaneamente em universos-possibilidades alternados.

Não obstante, existe alguma coisa constante em todos esses universos: a energia total liberada. Dado que o degrau inicial e o degrau final são determinados antes da hora [eles podem ser o momento do *big-bang* e algum momento final apropriado, possivelmente o *big crunch* (grande esmagamento)]; e, dado que a energia liberada ao longo de cada degrau é a mesma, então a conta final é sempre a mesma, independentemente da história e independentemente da probabilidade de a história ser verdadeira. O universo parece conservar energia à medida que ele se torna mais caótico e mais rico em informação.

Imagine essas histórias alternativas como páginas do *flipbook*.

Imagine que você se encontra em um típico andar com escada de seis degraus que pode ser transposta com três saltos. Por exemplo, você salta do degrau 1 para o 3 para o 4 para o 6. Ao fazer isso, você libera duas, em seguida uma, e em seguida duas unidades de energia, cinco ao todo, conforme você desce. Todas as outras possibilidades de descer de um andar para o outro também estão presentes, e a energia total liberada é a mesma para cada andar. Porém, a energia liberada nos outros andares terá uma distribuição diferente. Por exemplo, numa escada onde se transpõe com dois saltos um andar para o seguinte, digamos do degrau 1 para o 2 para o 6, a energia será uma unidade e em seguida quatro unidades; novamente, cinco ao todo. Embora você não esteja ciente das outras possibilidades de transpor o andar, não obstante as liberações de energia delas serão sentidas no seu universo como um campo áurico de possibilidades — um clarão de luz ou sensação de presença de luz. Você não vê essa energia nem a sente conscientemente porque o seu total sempre remonta ao mesmo total que você está vivenciando. Você *está* ciente do total usual ou normal de energia luminosa; você *não* está ciente do total não-usual ou anormal de energia luminosa.[4] A chave aqui é que essa energia anormal, não obstante, existirá como luz, um clarão, uma aura na sua mente, mas não estará contida no *flipbook* do universo material. A aura tem conseqüências físicas, e no entanto não é física.

Sinta essa luz em sua mente e você não ficará mais atolado neste universo. Você transcende o seu universo e sente a maneira como Deus trabalha. A ciência pode nos ajudar a entender isso, mas é uma concepção não plenamente compreensível apenas por meio do intelecto. Ela precisa ser reconhecida pela experiência. E isso não é fácil. A melhor maneira de fazê-lo é em silêncio e com humildade. Não existe maneira de se fazer isso por si mesmo. A pessoa deve se render a um sentido atemporal de propósito superior, a um sentido de que existe uma consciência para além da própria apreensão dessa consciência por essa pessoa.

Um tal reconhecimento pode ocorrer? Se o pudesse, você estaria além do tempo e do espaço. E, sem o tempo, tudo estaria presente num eterno *agora*. A luz se move num eterno agora.[5] Desse modo, se você visse a si mesmo como luz, o tempo deixaria de existir, e você experimentaria o espaço desaparecendo. Essa experiência é verdadeira para toda radiação luminosa, até mesmo para a luz que há dentro do nosso próprio corpo, e que viaja de um lugar para outro à medida que ela faz a mediação entre os muitos processos que ocorrem em nosso interior.

A mente também contém uma luz sagrada. Ela também se move sem experimentar o espaço ou o tempo. Nós podemos perceber essa luz dentro da nossa própria mente. Ela existe no domínio imaginal do nosso ser essencial e subjetivo. Nós podemos vê-la apenas se olharmos para o nosso interior. Todos nós sabemos secretamente que ela é real. Nós deveríamos sabê-lo, pois nós *somos* essa luz.

tayt

ט

Com a letra tayt nós chegamos mais perto da existência do que com qualquer outra letra até agora, pois ela é o resultado de hhayt — uma formação direta da concepção de "seguir juntos". Tayt representa a célula — qualquer foco ou centro ou concentração de energia — que se torna feminina.

Num certo sentido, tayt é semelhante a bayt e a hhayt em sua ação, mas é mais definido do que eles. É qualquer foco, centro ou concentração de energia, feminino em sua ação. É um resumo posterior da função de onda representada por hhayt, dando origem, de uma maneira especial, a uma estrutura primária de uma célula ou de um útero, um lugar para que o nascimento comece.

CAPÍTULO 9

Estrutura e Beleza: Espírito e Alma

A substância dual de Cristo, o anseio tão humano,
tão super-humano, que o homem tem de alcançar Deus... tem sido
sempre um mistério profundo e insondável para mim. Minha principal
angústia e fonte de todas as minhas alegrias e tristezas desde a
minha juventude tem sido a incessante e impiedosa batalha
entre o espírito e a carne... e a minha alma é a arena
onde esses dois exércitos entram em conflito e se juntam.
Nikos Kazantzakis
A Última Tentação de Cristo

Neste capítulo final, examinaremos as noções de espírito e de alma a partir da perspectiva da nova alquimia. Uma introvisão-chave provém da idéia de que a matéria e o espírito estão em conflito um com o outro. Conseqüentemente, para abordar esse conflito precisamos olhar para a transformação última: a evolução do ser humano a partir do Adão Kadmon original, a sua fonte original.

Um tempo de vida é uma estranha jornada. É uma viagem circular. Nós a terminamos onde a começamos. Lembre-se de que

Adão Kadmon, em hebraico אדם קדמון — que é lido da direita para a esquerda, aleph-dallet-mem-qof-dallet-mem-vav-nun — tem um significado simbólico. Aleph, o espírito primordial, atuando por meio da idéia de resistência, transforma essa resistência da consciência em possibilidades cósmicas. Como se verifica em seguida, dallet-mem, דם, também pode ser escrito como, דמ. Note que dallet não muda, mas mem sim. Ele pode ter duas formas: uma forma final, ם, e uma forma regular, מ. É a mesma letra, mas a sua significação muda. O mem final representa um término cósmico ou final (um resultado de grande possibilidade), ao passo que o mem regular representa uma resistência evoluída — referindo-se literalmente à água que constitui oitenta e cinco por cento do cérebro; isso poderia significar que sem água o nosso cérebro não poderia funcionar como dispositivos de memória e que, sem a resistência que a água oferece à atividade elétrica do cérebro, a consciência não ocorreria.

Mais uma introvisão no significado de Adão: dallet-mem significa *sangue* em hebraico. Portanto, Adão significa *espírito no sangue*.

Desse modo, com relação à nossa concepção de viagem circular, Kadmon sugere algo muito interessante. Qof-dallet-mem, o *kadmem* de Kadmon, é exatamente semelhante a aleph-dallet-mem quando nós consideramos que "qof" é a forma exaltada de "aleph". Desse modo, vemos que quando aleph e yod, espírito e existência, reconciliam-se (qof) no sangue (dallet-mem), ocorrem a criação e fertilização sem fim (vav) do ser humano plenamente cósmico e evoluído (nun-final). Em resumo, nós retornamos a Deus; nós vivenciamos a plena realização e o reconhecimento de que *somos* Adão Kadmon. Nós completamos o círculo; nós fizemos uma viagem circular completa.

Sem esse reconhecimento da nossa natureza espiritual, da nossa alma, do nosso potencial de Adão Kadmon, o empreendimento da jornada alquímica não apenas é assustador como também se torna insensível (*heartless*) e estranhamente destituído de significado. No entanto, com o reconhecimento da nossa natureza espiritual, a jornada passa a ser realizada com profundo sentimento (*heartfelt*) e é linda de se contemplar. Essa contemplação ocorre não somente "lá fora", usando a luz que podemos ver com os nossos olhos, mas também "aqui dentro", usando a luz que podemos ver com os olhos da nossa mente — nossos faróis do domínio imaginal. Eu daria à capacidade de contemplar esse esplendor o nome de evolução completa da alma e a revelação do significado da existência de cada um e de todos na matéria. Era esse o segredo espiritual da antiga alquimia e é a base da nova alquimia apresentada neste livro. Desse modo, se nós permanecermos atolados no paradigma da evolução darwiniana e da seleção natural, estaremos destinados a acreditar que a evolução é puramente acidental e que a beleza e o propósito estão, de algum modo, evoluindo a partir de uma seleção natural proveniente de uma mistura aleatória de carbono, hidrogênio, gosma e caos. Uma imagem bastante sombria. Pessoalmente, não consigo imaginar o que seria a vida sem esperança, beleza e propósito. Não consigo reconhecer muito propósito na sobrevivência pela sobrevivência.

Portanto, na visão apresentada neste livro, eu tentei mostrar que a própria capacidade de sintonizar uma vibração mais sutil da alma e de se erguer até uma compreensão cósmica do próprio eu define alguma coisa essencial a nosso próprio respeito. Para começar, como faziam os antigos alquimistas, eu uso, como modelos, metáforas baseadas no meu entendimento a respeito de como o mundo físico funciona. O uso de metáforas me permite explicar coisas que não são familiares com imagens que são familiares. Por exemplo, as concepções de alma, matéria, espírito, eu e consciência podem ser definidas imaginando-se dois objetos físicos básicos: um deles é uma corda vibrante, como você pode ver num violino; a outra é um espelho, que reflete imagens do mundo real. No meu modelo, ambos são colocados no contexto das teorias quânticas. O espírito seria análogo às vibrações da corda. Podemos imaginar que a corda é infinitamente longa e que, devido a *inputs* aleatórios de calor, de ar, ou apenas das flutuações do vácuo do espaço, ela vibra. Sua vibração representa o movimento do espírito.

Esse constante movimento de energia — ou vida — fornece o *modus operandi* da corda ou espírito. Na ciência moderna, os físicos entendem que nós podemos modelar o vácuo como se ele estivesse repleto de um número infinito de cordas vibrantes, e assim o próprio vácuo se torna vibratório e um lugar natural para se procurar uma metáfora para o espírito. A alma, então, aparece como as vibrações refletidas do vácuo dentro do domínio do tempo. A alma (e o tempo) se estende a partir dos pontos inicial e final do tempo, conhecidos, respectivamente, como o *big-bang* e o *big crunch*. A vibração é refletida desses pontos finais, assim como uma imagem é refletida de um espelho. A reflexão a partir das extremidades do tempo fornece consciência à alma, da mesma maneira como nós nos tornamos autoconscientes quando contemplamos nosso próprio reflexo no espelho. Nossa consciência imagem-de-espelho emerge no espaço. A consciência da alma emerge no tempo. A alma se incorpora na matéria como o "eu", ou o "eu processual". A alma se relaciona consigo mesma continuamente no corpo e, portanto, ela se envolve com a sobrevivência do corpo. A alma não é necessariamente incorporada em primeiro lugar, mas o eu precisa sê-lo.

A consciência ou mente em geral surge sempre que ocorre uma reflexão no tempo. Isso significa que alguma coisa se reflete de pontos no presente ou no futuro e no passado, ou até mesmo de ambos, do passado e do presente, ou do futuro e do presente. O que se reflete depende da forma da consciência. Se nós estamos falando a respeito de reflexos primordiais vindos do princípio e do fim do tempo, então o reflexo produz uma alma consciente e cósmica. Eu a chamaria de Alma una que habita cada ser e todo ser.

Quando os reflexos provêm de pontos no espaço, então esses pontos se tornam, essencialmente, fatias inconscientes de matéria.[1] Desse modo, o tempo forma a arena da consciência, e o espaço forma a arena do inconsciente. É claro que a distinção entre consciência e inconsciência é mais complexa do que isso, uma vez que o espaço e o tempo se fundem conjuntamente, de acordo com a teoria da relatividade e com o comportamento da luz.

O eu, devido ao fato de refletir uma consciência (a alma) na matéria inconsciente, contém ambos os elementos. Portanto, o eu se comporta tanto consciente como inconscientemente. Estar vivo e processando continuamente informações torna difíceis as descrições da alma e do eu. Portanto, o desafio com que nos defrontamos consiste em definir os *processos*, e não as próprias entidades.

A alma viva e vibrante experimenta subjetivamente a vida por meio do nosso corpo. O mundo que nós vemos com os nossos olhos cotidianos — através do filtro dos nossos sentidos — deriva de um mundo mais "objetivo". Este mundo objetivo "lá fora" e o "mundo da alma" subjetivamente experimentado conflitam um com o outro. Os mestres espirituais nos têm ensinado que quando o espírito vivo desce na matéria objetiva, segue-se uma luta. Por isso, se ficamos muito envolvidos com os processos objetivos, externos, da vida, tendemos a perder contato com a percepção a partir do nível da alma. Quando nos dirigimos para o nosso interior, para um estado de quietude interior, como na meditação, começamos a perceber alguma coisa mais profunda e mais significativa do que apenas o "estado-do-lá-fora" objetivo. Portanto, se nós perdemos contato com nossa alma, precisamos passar algum tempo tranqüilos — sem pensar, sem passar em revista a lista do dia, com tudo o que tem de ser feito nesse dia, mas permanecendo com nós mesmos seguindo caminhos que permitem a uma realidade interior mais profunda borbulhar do interior da nossa consciência.

Ora, em um nível humano, algumas pessoas olham para a própria vida e pensam: "Oh, Deus, eu vivo para quê? Não é terrível o fato de que eu vou morrer? A vida era negra quando eu comecei; a vida foi desolada quando eu estive aqui; e ela será negra novamente quando a vida cessar! De negra para desolada para negra novamente. Oh, Deus, qual o significado de tudo isso?" Na minha visão, essa negrura e esse desespero foram planejados no sistema de Deus. Podemos não acreditar completamente ou nem mesmo nos lembrar desse plano no presente momento, mas efetivamente nós criamos tudo isso. O "eu" que criou tudo isso não é a pessoa, a personalidade que se identifica como Fred, ou Martha ou Sam — não é a pessoa para a qual eu estou falando, ou sobre a qual eu estou falando. É a essência maior do *eu*, essa presença mais profunda, o Adão Kadmon interior, o funcionamento da própria consciência que está em mim, em você, em todos. Este *eu*, que opera por meio deste corpo, é o mesmo *eu* que é refletido nas imagens arquetípicas de Jesus, de Moisés, de Maomé, de Krishna, todos os quais nos lembraram, e continuam a nos lembrar, da nossa verdadeira essência. Esses seres são reflexos ou representações da nossa própria identificação com o nosso *eu* maior e mais profundo. Eles são os recipientes da luz original que não se quebraram, a qual jorrou dos olhos, dos ouvidos, do nariz e da boca de Adão Kadmon.

A LUZ QUE NÃO PODE SER CONTIDA

A matéria comum possui inércia — ela resiste aos nossos empurrões e puxões diários; e, quando nós a empurramos ou a puxamos, sentimos um empurrão ou um puxão sobre nós mesmos. Newton deu a isso o nome de *ação e reação*. A luz também pode empurrar ou puxar a matéria, mas as partículas de luz não têm propriedade inercial. Podemos ver a luz empurrar ou puxar objetos (como no caso de um *laser* cortando um pedaço de aço ou emendando uma retina descolada), mas não podemos ver quaisquer objetos empurrando ou puxando a luz. Os físicos dizem que a incapacidade da luz de ser empurrada ou puxada se deve à *ausência nela de qualquer massa de repouso* — massa de repouso é, na verdade, apenas uma outra maneira de dizer massa inercial, a massa que um objeto tem mesmo que ele esteja apenas assentado no seu lugar e cuidando dos seus próprios negócios. A luz nada tem a ver com estar em repouso. Ela está sempre em movimento.

A matéria, a espécie de coisa que resiste aos nossos empurrões e puxões, gosta de estar em repouso ou, pelo menos, de não mudar a sua direção ou a sua velocidade. Ela mantém o *status quo* assim como qualquer outra coisa o pode fazer. A matéria é representada por ondas quânticas que expressam onde e quando é provável que você as encontre. Essas ondas são invisíveis e podem talvez ser concebidas como padrões de guiamento ondulantes. No entanto, esses padrões realmente não existem no espaço e no tempo; eles são formas puramente imaginais, embora nós, comumente, tendamos a pensar a respeito deles como se eles estivessem realmente lá fora no espaço e ondulassem através do tempo.

Gosto de pensar a respeito dessas ondas como regras de ordenação puramente imaginais que governam as múltiplas realidades físicas, materiais e inerciais que nós chamamos de universos paralelos. Essas regras se manifestam como ondas de imaginação em qualquer universo, mas, sendo regras, elas não são realmente ondas, em absoluto. Quando nós relacionamos aquilo que imaginamos estar ocorrendo em um universo com aquilo que imaginamos estar ocorrendo em outros universos, o padrão das figuras que trazemos à mente se parece com ondas. Pense a respeito dos universos como se eles fossem cartas de um baralho. Imagine que você espalha o baralho sobre uma mesa segundo um padrão (como um padrão típico de tarô ou do jogo de paciência). Podemos conceber a matéria como pontos imaginados impressos sobre cada carta-universo e as ondas como os padrões espalhados dessas cartas-universos.

Quando se trata da luz, os padrões ondulatórios que governam as ondas luminosas e as próprias ondas luminosas são exatamente as mesmas coisas. Quando nós vemos a luz, na verdade não vemos a luz, em absoluto: nós vemos um efeito que aparece como um resultado da luz empurrando ou puxando a matéria que constitui o nosso corpo sensorial. Vemos a matéria se movimentando. A própria luz está realmente fora deste mundo e, até onde eu posso dizer, fora de qualquer mundo paralelo a cujo respeito queiramos pensar.

No capítulo anterior, vimos como um simples ato de descer aos saltos um lanço de escada pode ocorrer de várias maneiras diferentes. Vimos no exemplo da escadaria de seis degraus que o salto mais provável que o mágico daria era de três degraus. Era essa a viagem mais provável, na qual havia seis maneiras de transpor esses degraus em três saltos, mais do que em qualquer outra maneira. Em conseqüência, se fôssemos efetivamente descer saltando o lanço de escada sem prestar atenção na maneira como o faríamos ou em quantos passos daríamos, o mais provável é que o faríamos em três saltos. A partir de uma maneira de pensar baseada em mundos paralelos, os seis diferentes cenários de três saltos sobrepõem-se e constituem uma memória na qual as diferenças nos saltos, os detalhes de quais degraus foram efetivamente escolhidos, são indistintos ou simplesmente não são registrados na memória.

A maior parte das lembranças assemelha-se a isso. Lembramo-nos de alguma coisa, mas com muita freqüência os detalhes não são claros. John disse isso e eu fiz aquilo; ou, não, John fez aquilo e eu disse isso. A realidade é uma construção daquilo de que nós nos lembramos. Poderíamos dizer que o mundo consiste em acontecimentos, em eventos indistintos, ou poderíamos chamá-los de eventos parcialmente reais. Quando tentamos determinar exatamente que eventos eram esses, nós, com efeito, os criamos como memórias. Nós criamos um passado e, ao mesmo tempo, dependendo dos resultados do que nos lembramos, alteramos a nós mesmos ao redefinir as nossas expectativas do futuro.

Vamos voltar ao nosso exemplo do mágico-saltador. Quando esses saltos ocorrem, energia luminosa é expressa. Porém, uma vez que essa energia não é inercial — a matéria não pode empurrá-la nem puxá-la — ela realmente não se prende a nenhum universo paralelo. Na analogia das páginas folheadas rapidamente, a luz seria os nossos dedos folheando as páginas ao passo que a matéria que está sendo folheada seriam as próprias páginas.

Uma vez que a mesma energia luminosa total é expressa em todos os mundos possíveis, a única diferença em cada mundo estaria na maneira como essa energia é distribuída. A distribuição mais provável consistiria em três fótons — *quanta* — "partículas" de luz liberadas nos três saltos.

Agora, imagine-se lembrando de uma típica seqüência de três saltos, uma ocorrência média. Bem no fundo da sua mente residem as outras seqüências, aquelas que não foram igualmente prováveis. Por exemplo, a seqüência em que o mágico desce a escadaria num único salto está na memória, mas a sua lembrança é sufocada pelas seis memórias sobrepostas dos três saltos. Exercitar a sua capacidade de penetrar no silêncio por meio da meditação, a fim de aquietar a sua mente, abrirá a você a possibilidade de se lembrar dessas outras memórias menos prováveis.

Se fizer isso enquanto estiver desperto e observando ativamente o mundo ordinário dos três saltos, você terá uma experiência extraordinária de ver auras. Essas auras constituem um campo dentro da mente, o qual consiste nas seqüências não-ordinárias de possibilidades, que não são vistas pela maior parte das pessoas simplesmente porque estas não as estão procurando. As auras formam o brilho remanescente de realidades alternativas — uma tentativa da mente ordinária para ver, como Deus vê, que tudo brilha. Esse brilho, ou aura, prova a realidade de Deus porque nós, por um breve momento, vemos de um ponto de vista que não é o nosso.

Ninguém realmente sabe como surge a inércia. Eu vou sugerir que a fórmula da física quântica para a existência e a razão para a estrutura e a beleza surgem de universos paralelos — mundos que não são vivenciados ordinariamente. A estrutura e a inércia material surgem na sobreposição das mais prováveis seqüências de eventos. A matéria inercial provém da sobreposição de muitos mundos paralelos aproximadamente iguais. Quanto mais parecidas forem as seqüências de uma ação em muitos mundos, maior será a resistência que essa seqüência opõe à mudança. Desse modo, a inércia surge como uma conseqüência da similaridade. A beleza surge como a diferença do habitual. Experimentada na mente como um brilho ou aura proveniente de novas seqüências — novas possibilidades — uma nova distinção se separa da distinção ou percepção ordinária ou mais provável. Conseqüentemente, a beleza e a resistência, do tipo daquela de que fala Kazantzakis na citação que abre este capítulo, naturalmente caminham juntas. Assim como toda dualidade, uma requer a outra.

O DESPERTAR DA NOVA VISÃO

A nova alquimia ocorre na fronteira dos domínios imaginal/real. Nossos experimentos pessoais na nova alquimia produzem novas informações e novas possibilidades de transformação que ingressam em nossos sonhos e, o que é possivelmente mais importante, em nossos pensamentos despertos. Nós despertamos para uma nova visão da vida e do tempo. Novos significados alteram e mudam aquilo em que nós acreditamos e, conseqüentemente, aquilo que nós experimentamos fisicamente no mundo, tanto pessoal como globalmente.

A nova alquimia nos proporciona uma nova e antiga visão da mente, do corpo, do espírito e da alma, e um novo entendimento de como as forças do propósito, da criação e da transformação dentro de cada um de nós, quando utilizadas conscientemente, podem intensificar a significação da vida cotidiana. As possibilidades são ilimitadas.

Quando eu pondero a respeito da minha própria existência, eu vejo que, enquanto espécie, nós freqüentemente resistimos à mudança e certamente às possibilidades de transformação que se apresentam a nós. Talvez procuremos simplesmente existir no piloto automático, não tendo de lidar com algo novo. Passando pela casa dos meus 60 anos, vejo que eu tenho freqüentemente resistido às possibilidades transformadoras quando elas se apresentaram a mim. Não posso dizer a você que cada oportunidade perdida levou necessariamente a algum desastre pessoal na minha vida, mas posso lhe dizer que quando eu tirava vantagem de uma possibilidade e a convertia numa realidade, ela sempre me abria uma nova visão de mim mesmo, do meu relacionamento com o mundo e das pessoas mais próximas a mim.

Tornar-se alguma coisa, converter uma visão numa realidade, nem sempre é fácil. Espero que você tenha encontrado nas páginas deste livro uma pequena orientação para converter os seus próprios sonhos em realidades.

yod

י

Yod representa o mundo de estruturas e é o oposto de aleph. Desse modo, onde aleph foi potencial ou capaz-de-ser, yod simboliza o ser. Onde aleph foi atemporal e além de qualquer limite, yod está no tempo e é limitado.

Num certo sentido, yod, sendo aleph na existência, existe num estado de perpétua contradição, pois o aleph paradoxal parece atemporal e não-existente e, não obstante, não não-existente, enquanto yod é semelhante ao tempo e existente. Pois, à medida que nos tornamos cientes da existência, nós a mudamos.

APÊNDICE

Existência: A Mente numa Caixa

Eu quero conhecer os pensamentos de Deus; o resto são detalhes.
Albert Einstein

Em contraste com as leis do movimento newtonianas ou clássicas, as leis da física quântica não nos permitem determinar realidades. Em vez disso, nós nos defrontamos com possibilidades.[1] Por exemplo, utilizando a física clássica, quando você dá um piparote numa moeda e deixa que ela caia no chão, você pode predizer com certeza qual dos lados dessa moeda ficará voltado para cima. No entanto, para conseguir obter efetivamente esse resultado, você achará difícil o uso da física clássica devido a complicações tais como as correntes de ar, os desequilíbrios de peso na moeda, e assim por diante. Em vez disso, você atribui uma probabilidade de cinqüenta por cento de que ela cairá mostrando cara e cinqüenta por cento de que ela mostrará coroa. Você desistirá de qualquer esperança de controle. Porém, no âmbito da física quântica, nós encontramos uma concepção nova e aparentemente paradoxal: possibilidades separadas podem combinar-se ou interferir umas com as outras, o que leva a novas possibilidades. Por exemplo, as duas possibilidades de se observar a face de uma moeda piparoteada poderiam combinar-se e resultar na moeda de pé sobre a sua borda. Usualmente, não vemos isso, é claro, pois a moeda interage com muitas coisas antes de atingir o chão. Mas as possibilidades separadas de caras e coroas, embora não se manifestem simultaneamente, podem realmente interferir uma com a outra e produzir novas possibilidades.

Além disso, de acordo com um raciocínio padrão na física quântica, uma possibilidade só é realizada quando ela é observada. Um objeto quântico capaz de existir em um dentre dois estados possíveis salta "subitamente" para um desses estados no instante em que é feita a observação. Esse fenômeno é chamado de *efeito do observador*.

Considere novamente o exemplo que mostramos anteriormente, no Capítulo 5, e que repetimos aqui. Talvez esse exemplo seja apenas uma metáfora; ou talvez seja um fenômeno quântico real que envolve processos quânticos em sua retina, no seu sistema nervoso e no seu cérebro. Para participar do processo quântico, observe em primeiro lugar a caixa branca na Figura A.1. Note as duas faces quadradas da caixa, distintamente frontal e traseira. Agora, olhe novamente. Qual dessas faces quadradas está na frente? É a face com o quadrado inferior que está na frente? Ou é a face com o quadrado superior? Ou será que talvez a caixa esteja saltando do primeiro caso para o segundo? Ou talvez ela não seja reconhecida como uma

Figura A.1. Um Cubo ou Peças Cinzentas?

caixa, em absoluto. Note as peças geométricas cinzentas impressas sobre o fundo branco. Ainda é uma caixa? Por quê, ou por que não?

De acordo com o que foi chamado de interpretação de Bohr ou de Copenhague (em homenagem a Niels Bohr, um dos nomes que mais contribuíram para a descoberta da física quântica), a caixa apenas se tornará uma caixa real, com um dos lados aparentemente voltado para a frente, quando você a observar. Na interpretação de Bohr da física quântica, você causa a ocorrência do evento (como, por exemplo, o de ver uma aparência específica da caixa). Bohr disse que um ato de observação envolvia uma fusão de duas maneiras de ver: o mundo clássico da percepção e o mundo atômico dos eventos quânticos. Ao atribuir o efeito de um observador a uma fusão eventual intrínseca do mundo atômico com o mundo clássico, a questão da natureza da ação da observação é deixada em aberto. A interpretação de Bohr afirma que quando uma observação ocorre, a propriedade do objeto que está sendo minuciosamente examinado adquire, misteriosamente, um valor. Isto é, nós realmente não sabemos como ocorre um ato de observação.

No entanto, outra interpretação diz que a observação de um atributo físico nada tem de especial e, na verdade, quando você vê a caixa com uma determinada face na frente, você também vê a caixa com a outra face na frente ao mesmo tempo — exceto que você, enquanto segundo observador, não existe neste mundo, mas em um mundo paralelo, ou universo paralelo! Isso veio a ser conhecido como a interpretação dos muitos-mundos da física quântica.

Como você prova que o outro mundo existe? De acordo com a interpretação dos muitos-mundos, ao olhar para a caixa mais uma vez, você verá a sobreposição das caixas simultaneamente em seus dois estados-posições quando você conseguir observar a figura com o aspecto de peças cinzentas. Ambos os estados-posições não podem existir em um único mundo. Porém, a sobreposição pode. Os dois estados interferem um com o outro, produzindo em sua mente uma figura de peças cinzentas em vez de uma caixa com qualquer um dos lados voltados para a frente. Em outras palavras, você vê ambos os mundos ao mesmo tempo, contanto que não veja uma caixa. Se você escolher ver uma caixa, não verá as peças cinzentas.

O exemplo da interpretação dos muitos-mundos dado acima ilustra visualmente essa interpretação. Hugh Everett III, um estudante graduado da Universidade de Princeton, estudando sob a orientação de um físico altamente respeitado, John Archibald Wheeler, introduziu uma noção bastante estranha segundo a qual, embora a física quântica postule uma visão do mundo que contradiz o senso comum, nós deveríamos levá-la a sério.[2] Se ela diz que duas possibilidades alternativas podem interferir uma com a outra, sobrepondo-se num único mundo, então, de alguma maneira, ambas essas alternativas precisam existir simultaneamente em outros mundos. Se as possibilidades afetam umas às outras sobrepondo-se umas às outras, se duas ou mais possibilidades, de algum modo, "se somam" para produzir um único mundo (uma imagem consistente da realidade), então, de algum modo, cada uma dessas possibilidades precisa se manifestar em algum outro lugar. Ambas precisam ser reais.

Conseqüentemente, as duas possibilidades — embora descrevendo "você"s separados (cada um com uma única perspectiva da caixa) e caixas separadas — existem realmente, de algum modo, em universos separados. Assim como um padrão de "interferência" pode ser visto num dia claro ao se olhar através das camadas superpostas de uma cortina de janela de malha fina, a interferência de ambos os universos pode ser vista como se vê a figura de peças cinzentas. Somente quando uma visão em perspectiva da caixa for experimentada, cada um dos universos separados e paralelos será observado.

Na interpretação dos muitos-mundos, quando um observador observa a caixa, ele, com efeito, interage com a caixa de uma maneira completamente previsível pela física quântica, e é, por meio disso, igualmente mudado pela observação. Se a caixa, depois da interação, existe em universos paralelos, então o observador também existe. Desse modo, a interpretação dos muitos-mundos também explica o efeito do observador — o efeito que um observador exerce sobre um sistema físico simplesmente devido ao fato de que ele o observa. Nada de mágico acontece quando uma observação ocorre. O observador simplesmente se torna parte do universo ou dos universos nos quais a observação ocorre.

Como vimos, caixas paradoxais têm um atributo chamado de *perspectiva*. Com relação a qualquer dada direção espacial, a perspectiva de uma caixa pode ser vista como se estivéssemos olhando para ela de baixo para cima ou de cima para baixo. Desse modo, a caixa pode ter uma posição com perspectiva-para-cima ou com perspectiva-para-baixo. De acordo com a interpretação de Bohr, quando você observa a direção da perspectiva da caixa, ela, instantaneamente, dará um salto quântico num estado de perspectiva-para-cima ou de perspectiva-para-baixo. A outra visão de perspectiva se desvanece de alguma maneira misteriosa. Porém, isso não acontece na interpretação dos muitos-mundos.

Na interpretação dos muitos-mundos, nenhum salto ocorre. A caixa se divide em duas caixas paralelas (Figura A.2) e o observa-

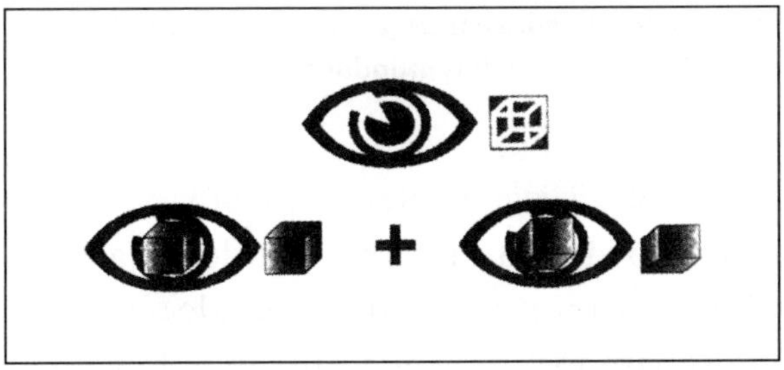

Figura A.2. O Cubo e o Olho do Observador. O observador de olho negro no alto da figura entra em contato com a misteriosa e paradoxal figura das peças cinzentas/cubo. Ao observar a figura como um cubo, ele ingressa em dois mundos paralelos.

dor dessa caixa (simbolizado pelo grande olho negro), ou, pelo menos, a mente do observador que é capaz de fazer a distinção, também se divide em duas mentes paralelas. Um observador da direção da perspectiva da caixa, e uma caixa com a sua perspectiva "casando" apropriadamente com a observação do observador, existem em cada universo.

Olhe para a Figura A.3. Você vê o que acontece quando um outro observador (simbolizado pelo olho cinzento) entra na cena.[3] Se esse observador também olhar para a caixa, a sua mente se dividirá. No entanto, a mente dele se juntará com a mente do primeiro observador (o observador de olho negro) e ambos concordarão a respeito do que eles vêem. Se um terceiro observador se aproximasse, a mesma coisa aconteceria com ele. Dessa maneira, é construído aquilo que nós chamamos de *realidade consensual* e a interferência entre os mundos paralelos possíveis diminui.

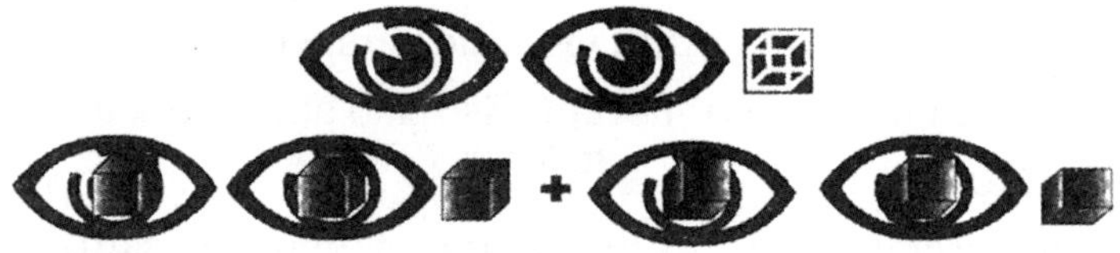

Figura A.3. Um Segundo Observador é Apanhado em Mundos Paralelos. O observador de olho cinzento e o observador de olho negro, no alto da figura, entram em contato com a misteriosa e paradoxal figura das peças cinzentas/cubo. Ao observar a figura como um cubo, ambos ingressam em dois mundos paralelos.

Depois de *N* observações efetuadas por *N* observadores (em que *N* é um número arbitrariamente grande; veja a Figura A.4, em que fizemos *N*=5 por motivo de simplicidade), haverá apenas dois universos bem separados. Em cada universo, haverá *N* observadores, todos eles concordando a respeito do fato de que eles viram a mesma coisa (a perspectiva-para-cima no universo 1 e a perspecti-

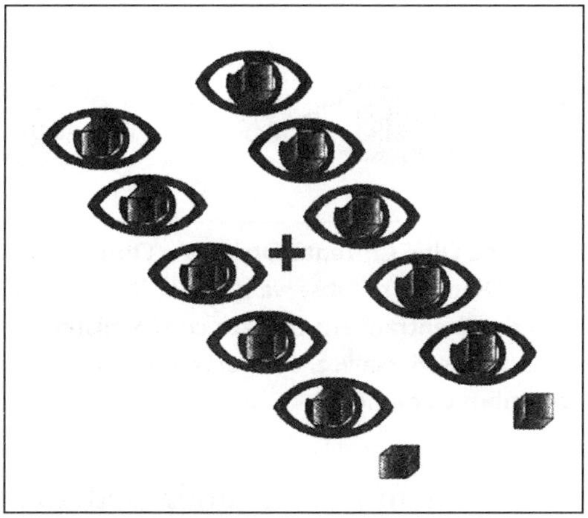

Figura A.4. Muitos Observadores Concordantes Apanhados em Mundos Paralelos.

va-para-baixo no universo 2), e, normalmente, os dois universos não deveriam mais interferir um com o outro devido à correlação que surge entre todos os observadores. A fim de criar interferência entre esses dois universos, esses observadores, assim como a caixa, precisariam ser sobrepostos, de modo que cada observador visse as peças cinzentas.

No entanto, os observadores são tão complexos que fica muito difícil criar uma sobreposição de todos eles. Considere por um momento o fato de que você contém todos os *N* observadores em sua cabeça. Note que agora você está vendo ambos os conjuntos dos seus eus em mundos paralelos. Agora, você pode ver por que cada observador vê somente uma perspectiva de cada vez. Se você estivesse em apenas um desses dois mundos, a outra perspectiva — o outro "você" consistindo em *N* observadores, todos eles existindo em um mundo paralelo — seria desconhecida para você. Com tanto acordo existindo em cada mundo, e pouca ou nenhuma sobreposição existindo entre os mundos, tudo parece normal, e todas as pessoas, todos os *N* observadores dentro de você, concordam.

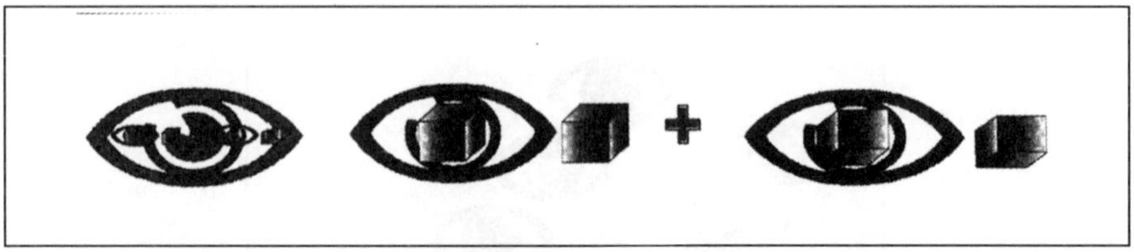

Figura A.5. O Observador de Olho Cinzento Observa o Observador de Olho Negro, enquanto o Observador de Olho Negro Observa o Cubo. O observador de olho cinzento e o observador de olho negro entram em contato com a misteriosa e paradoxal figura das peças cinzentas/cubo. Mas, dessa vez, o observador de olho cinzento observa apenas a superposição de ambos os mundos.

No entanto, os dois universos ainda poderiam interferir um com o outro se nós pudéssemos criar uma sobreposição adequada. Suponha que você seja a *memória* do observador de olho negro da caixa original. Você existe em seu cérebro como um ambiente capaz de registrar a direção da perspectiva da caixa. Agora, suponha que você é a memória do observador de olho cinzento e que você observa a caixa e o conteúdo da sua primeira memória interagindo entre si; mas você não observa a caixa por si mesma. Como a interpretação clássica, a interpretação de Bohr e interpretação dos muitos-mundos descreveriam isso?

Num mundo clássico newtoniano, as duas memórias concordariam. A caixa tem perspectiva-para-cima, com vocês dois vendo-a dessa maneira, ou tem perspectiva-para-baixo, com vocês dois vendo-a dessa maneira. O mundo é de uma maneira ou de outra. A caixa se encontra em apenas um desses estados. Porém, antes de qualquer um de vocês olhá-la, não há maneira de determinar sob que aspecto a caixa aparecerá.

De acordo com as regras quânticas, tais como elas são oferecidas pela interpretação de Bohr, antes que qualquer um de vocês a olhe, a caixa existe numa superposição. Depois que qualquer um de vocês a olhar, a caixa terá apenas uma das duas possibilidades remanescentes, a qual permanecerá. Independentemente de quem a olhe primeiro, ambas as memórias estarão em concordância.

De acordo com a interpretação dos muitos-mundos, em um dos universos a caixa tem perspectiva-para-cima, e esse fato é registrado em sua memória 1; no outro universo, a caixa tem perspectiva-para-baixo, e esse fato é registrado na mesma memória. E esses mundos e memórias existem ambos em sua cabeça. Ambos existem não apenas separadamente em mundos paralelos, mas também a sua superposição é observável pela memória 2 em sua cabeça. Eu denoto esse segundo observador em você como o observador par-de-olhos.

A observação par-de-olhos será como observar peças cinzentas, embora não seja exatamente a mesma coisa, uma vez que ela envolve tanto a caixa como a memória do observador de olho negro. Nós podemos chamar isso de uma observação par-de-olhos para distingui-la da observação cinzenta de uma única caixa. A memória 2 registra a observação par-de-olhos.

Agora, suponha que o observador de olho cinzento diz ao observador de olho negro a respeito da observação par-de-olhos e que essa informação entra na memória do observador de olho negro. Então, a sua memória de observador de olho negro conterá dois elementos (*bits*) de informação muito interessantes. Em um universo, ele conterá o fato de que a caixa tem perspectiva-para-baixo e o fato de que a caixa e a sua companheira de universo paralelo são parte de um sistema par-de-olhos. No outro universo, ele conterá o fato de que a caixa tem perspectiva-para-cima e o fato de que a caixa e a sua companheira são também parte de um sistema par-de-olhos. Sendo inteligente, e identificando-se com uma das visões de perspectiva, você saberá que uma observação par-de-olhos significa que você precisa ter visto a visão de perspectiva oposta em um mundo paralelo. Você não estará consciente da posição da caixa oposta, mas saberá que ela existe. O estado da sua memória será, por assim dizer, esquizofrênico. Esse *bit* par-de-olhos diz a você que outro universo paralelo existe. Com efeito, sua memória,

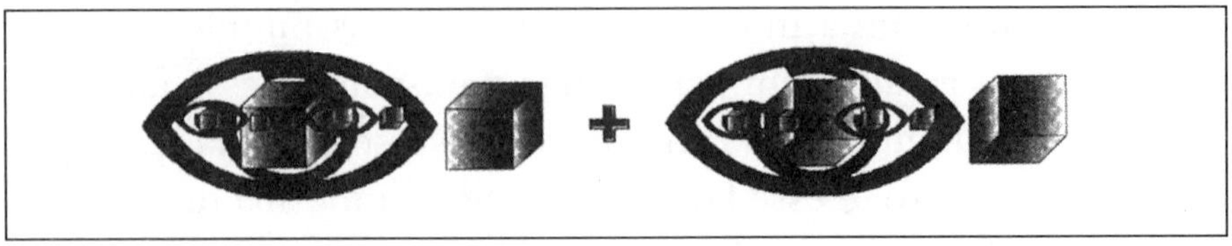

Figura A.6. O Observador de Olho Negro Torna-se Esquizofrênico.

neste universo, tem uma "fotografia" de um outro universo paralelo. Você poderia pensar a respeito desse outro universo como o seu domínio imaginal.

Especulemos um pouco a respeito disso: Se nós pensarmos a respeito da sua memória 1 concebendo-a como um engrama capaz de armazenar uma memória, podemos construir um modelo para um distúrbio psíquico bem-conhecido, denominado personalidades múltiplas. Cada engrama de universo paralelo atua independentemente, a não ser que haja algum *feedback* de informações a respeito da totalidade das personalidades. Com o *feedback* a respeito do par-de-olhos, cada engrama está ciente da presença do outro engrama paralelo. Isso também poderia ser uma explicação de base para algumas formas de esquizofrenia ou estados alterados de consciência.

Novamente, coloque-se na figura como uma memória 3 fora das memórias 1 e 2. Você pode ver o observador de olho negro e o observador de olho cinzento. Você pode ver que o observador de olho negro vê a caixa, e em cada mundo esse observador sabe em que estado a caixa se encontra. Você pode ver que ele também sabe que o estado par-de-olhos existe, de modo que você sabe que ele está ciente do outro mundo.

Você também pode ver o observador de olho cinzento. Ele só está ciente da combinação dos dois mundos. Ele só está ciente do estado par-de-olhos. Se você lhe perguntasse para que direção a caixa está voltada, ele não teria a mínima idéia. De fato, a partir do seu ponto de vista, de ver ambos os mundos em paralelo, você também não pode dizer para que direção a caixa está voltada. Naturalmente, se você olhar para a caixa e ela saltar para um dos seus estados, você será apanhado em um dos mundos paralelos de perspectiva-para-cima ou de perspectiva-para-baixo.

Desse modo, o mundo depende de você e daquilo que você comunica às outras pessoas. Ele também depende daquilo que você acredita que é real. Se a interpretação dos muitos-mundos for a real, então você existe em mais de um mundo, e cada evento em cada universo o afetará. Mais do que isso, você afetará todas as outras coisas em todos esses universos de maneiras verdadeiramente incontáveis.

NOTAS

Introdução
O Despertar do Mistério

1. Atualmente, as palavras cabala e hermetismo são consideradas termos sinônimos que abrangem todos os arcanos e o esoterismo da antiguidade.

2. Manley P. Hall, *The Secret Teachings of All Ages: An Encyclopedic Outline of Masonic, Hermetic, Qabbalistic and Rosicrucian Symbolic Philosophy. Being an Interpretation of the Secret Teachings Concealed within the Rituals, Allegories, and Mysteries of All Ages* (Los Angeles: The Philosophical Research Society, 1988), p. 114.

3. Eliphas Levi, *Transcendental Magic* (Chicago, 1910), citação extraída de Stanislas Klossowski de Rola, *Alchemy: The Secret Art* (Nova York: Thames and Hudson, 1973, 1997).

4. Chris Monnastre, introdução à 5ª edição de *The Golden Dawn*, por Israel Regardie (St. Paul, MN: Llewellyn, 1989), pp. xxii-xxiii.

5. Gershom Scholem, *Major Trends in Jewish Mysticism* (Nova York: Schocken Books, 1974), p. 22.

6. *Ibid.*, 265, 279.

7. Aleph (א) tem, como as outras primeiras nove letras, três projeções. A primeira projeção é a própria letra. As duas outras projeções de

aleph são yod (י) e qof (ק). Essas projeções são formas da letra-semente aleph. Conseqüentemente, yod é aleph na existência, o símbolo para o mundo real dos objetos existentes que nós consideramos como situados "lá fora". Qof é aleph em seu mais elevado estado realizável, o assim chamado aleph exaltado ou cósmico. De maneira semelhante, as outras letras também têm projeções existentes e cósmicas.

8. Dallet (ד) é a resistência fundamental e é extremamente importante, pois sem ele nenhum universo é possível. As projeções de dallet são mem (מ) e tav (ת). Mem representa a água ou a primeira resistência existente necessária para a consciência se manifestar, ao passo que tav representa a resistência cósmica e é necessária a fim de que um único mundo passe a existir.

Capítulo 1
Vazio: O Impossível Princípio de Vida/Morte

1. Estarei apresentando a você muitas dessas descobertas no decorrer deste livro. A base para todas elas é a física quântica.

2. Cherry Gilchrist, *The Elements of Alchemy* (Rockport, MA: Element, 1991), p. 7.

3. Estarei utilizando esses termos ao longo de todo o texto. *Real* se refere àquilo que o nosso senso comum nos diz e, o que é o mais importante, que nos permite comunicar a outro ser sensível aquilo que sentimos. Até que esse outro ser nos diga que aquilo que nós sentimos também é sentido por ele, o que nós sentimos não é real. *Imaginal* é exatamente o mesmo que real, exceto que não há um outro ser com o qual nós compartilhamos o que sentimos. Em conseqüência, qualquer coisa que sentimos é basicamente imaginal, e apenas se torna real quando outra pessoa o confirma. Qualquer coisa que sentimos, nós a definimos como *prima materia*, matéria-prima.

4. A *lei da inércia* de Newton estabelece essencialmente que as coisas tendem a permanecer como elas são, resistindo a qualquer mudança. Desse modo, um corpo em movimento tende a se manter movendo como o fazia antes. Se está em repouso, tende a permanecer em repouso. Se se movimenta, tende a continuar se movimentando da mesma maneira como se movia antes, ao longo de uma linha reta e com velocidade constante.

5. De acordo com a autora Barbara G. Walker, *alquimia* em árabe significa "matéria do Egito". De fato, a palavra árabe *Al-Khemeia* deriva de *Khemennu*, "terra da Lua", um antigo nome para o Egito. Por longo tempo associada com a loucura ou com os lunáticos, a lua sempre esteve associada com os aspectos negativos dentro do campo da psicoterapia, como notou o psicólogo Carl Jung. Barbara G. Walker, *The Woman's Encyclopedia of Myths and Secrets* (Nova York: Harper and Row, 1983).

Capítulo 2
A Palavra: Alguma Coisa a Partir do Nada

1. Marshall McLuhan, *The Medium Is the Massage: An Inventory of Effects* (San Francisco: Hardwired, 1996).

2. Porém, exatamente o que *é* o nada não se sabe. O melhor que se pode dizer a respeito do nada é que ele é a negação de qualquer coisa que existe, de qualquer coisa que seja real. Desse modo, ele é até mesmo a negação de qualquer idéia que se manifeste, até mesmo a idéia da negação.

3. Apenas como um aparte, a palavra hebraica para *palavra* é *aut* (אות — leia-se da direita para a esquerda, aleph-waw-tav). Uma vez que cada letra também é uma palavra, a palavra hebraica para *palavra* é realmente um código. A decifração do código revela aleph, o espírito, agindo por meio de vav (às vezes pronunciado waw), um agente fertilizador, que dissemina o espírito para produzir tav, resistência cósmica. Desse modo, uma palavra é a maneira pela qual Deus assegura que a resistência ocorrerá. Aleph é a letra inicial do *alephbayt*, vav significa *e*, e tav é a letra final; desse modo, aleph-vav-tav também significa o princípio e o fim — como numa citação, com freqüência atribuída a João na versão grega da Bíblia: *Eu sou o alfa e o ômega.*

4. Evelyn Fox Keller, *Refiguring Life: Metaphors of Twentieth-Century Biology* (Nova York: Columbia University Press, 1995), p. x.

5. É extremamente importante considerar esse fato com relação àquilo que os físicos chamam de partículas fundamentais. Nomes tais como quarks, criado pelo autor James Joyce, vêm à mente. Quarks podem ter propriedades que incluem charme e estranheza — meras unidades quânticas — sugerindo alguma propriedade que é constante sempre que essas partículas interagem umas com as outras.

6. Pode-se imaginar que todos os computadores *binários clássicos* possíveis operam dessa maneira e esses dispositivos são chamados *máquinas de Turing*, em homenagem ao matemático inglês Alan Turing, que descobriu maneiras únicas de quebrar códigos durante a Segunda Guerra Mundial. Um novo campo, o dos computadores quânticos (CQs), apareceu recentemente. O CQ não operaria dessa maneira. Em vez disso, o CQ, de algum modo, perfuraria um orifício e não perfuraria um orifício na fita 2 ao mesmo tempo. Um quadrado com um tal orifício é chamado de *bit* quântico ou *qubit*.

7. John Archibald Wheeler, "Information, Physics, Quantum: The Search for Links", *in Complexity, Entropy, and the Physics of Information, Santa Fe Institute Studies in the Sciences of Complexity*, vol. 8, org. W. H. Zurich (Redwood City, CA: Addison-Wesley, 1990), p. 5.

8. Os computadores modernos não utilizam fitas de papel (modelos muito mais antigos as utilizavam). Eles tinham "cabeçotes para leitura/gravação" que liam ou gravavam no "acionador rígido" (*hard drive*), um conjunto de discos magneticamente sensíveis aninhados. A tecnologia do disco é muito sofisticada, mas, não obstante, não é diferente da de fazer correr uma fita de papel através de uma fenda e ler um *0* ou um *1*, indicados por um orifício perfurado ou por sua ausência.

CAPÍTULO 3
A Mente no Corpo: O Desejo de se Mover

1. O físico David Bohm foi o primeiro a apontar para o fato de que a complementaridade desempenhava um papel quando você começou a pensar a respeito dos seus próprios pensamentos. Veja David Bohm, *Quantum Theory* (Nova Jersey: Prentice-Hall, 1951), pp. 169-171.

2. C. G. Jung, *Analytical Psychology: Its Theory & Practice* (Nova York: Vintage, 1970), pp. 11-15.

3. Paramahansa Yogananda, *Autobiography of a Yogi* (Los Angeles: Self-Realization Fellowship, 1973).

4. Jane Roberts, *The Unknown Reality*, vol. 1 (Englewood Cliffs, NJ: Prentice-Hall, 1977).

5. Fred Alan Wolf, *Star Wave: Mind, Consciousness, and Quantum Physics* (Nova York: Macmillan, 1984).

6. C. G. Jung, *Analytical Psychology: Its Theory & Practice*, p. 13.

7. Edward F. Edinger, *Anatomy of the Psyche: Alchemical Symbolism in Psychotherapy* (Chicago e LaSalle, IL: Open Court, 1985).

CAPÍTULO 4
Inércia: A Resistência Misteriosa

1. Você, provavelmente, acredita que os cérebros contêm mentes. Em sua maioria, os cientistas também acreditam nisso. No entanto, os neurologistas não conseguem descobrir a mente no cérebro. Com certeza, a mente parece desaparecer quando alguém entra em coma, assim como o seu automóvel deixa de se mover quando alguém arranca todos os fios elétricos das velas de ignição. Nós sabemos que a fiação não aciona o automóvel, mas mesmo assim acreditamos que a "fiação" neuronial aciona o ser humano. Talvez a mente abandone cérebros comatosos simplesmente porque eles não funcionam, assim como um motorista deixa um veículo do lado da estrada quando ele pára de funcionar.

2. Tanto o *tai chi* como o *ch'i* são concepções bem conhecidas na China. Em poucas palavras, o primeiro lida com uma espécie de equilíbrio psíquico entre o corpo e a mente, ao passo que o segundo lida com o meio pelo qual uma ação ou transformação podem ocorrer.

3. C. G. Jung, *Analytical Psychology: Its Theory & Practice*, pp. 11-15.

CAPÍTULO 5
Vida: O Corpo na Mente

1. Se eu fosse o meu corpo, o meu *eu* subjetivo não estaria separado das minhas sensações. Porém, eu, como você, posso distinguir claramente que uma sensação que aparece em algum lugar do corpo é diferente do eu que a percebe. Em conseqüência, de alguma maneira, eu não sou o meu corpo. De fato, a partir desse ponto de vista, o surgimento de uma sensação no meu corpo não é diferente do surgimento de sensação fora do meu corpo, como a sensação da cor vermelha numa flor, ou de uma nota musical, o dó sustenido, numa sinfonia. Poder-se-ia argumentar que essas sensações não surgem "lá fora" mas "aqui dentro", nos meus olhos ou nos meus ouvidos. Porém eu, aquele que percebe essas sensa-

ções, não sou os meus olhos nem os meus ouvidos, como qualquer pessoa cega ou surda poderia dizer a você. Alguns poderiam argumentar que eu estou no meu cérebro e no meu sistema nervoso. No entanto, a investigação neurofisiológica, embora indique um complexo processamento neuronial, não revela a presença física de qualquer coisa que se assemelhe a um eu. Em conseqüência, de algum modo, eu sou distinto das minhas sensações e dos meus vários órgãos utilizados para percebê-las, onde quer que elas possam estar no mundo e onde quer que se possa acreditar, imaginar ou pensar que elas surjam.

2. O projeto do Genoma Humano mapeia caminhos moleculares com muito sucesso. Veja as notas do Capítulo 6.

3. Chamamos esses caminhos de "histórias". É como se cada história possível mais simples precisasse, de algum modo, contribuir para toda uma complexa história real. Enquanto não for feita nenhuma tentativa para alterar ou para determinar qual é a história "real", todas as histórias possíveis precisam ser levadas em consideração.

4. O fato de que a observação cobra os seus direitos sobre a matéria é uma das principais idéias de física quântica deste livro. Há vários artigos científicos que lidam com o efeito do observador. Dê uma olhada nas referências a Aharonov, Bohm, Goswami, Heisenberg, Herbert, Hoyle, Pauli, Schrödinger, Wheeler e Wolf na bibliografia.

5. Veja os meus artigos "The Quantum Physics of Consciousness: Towards a New Psychology", *Integrative Psychology* 3 (1985): 236-247; e "On the Quantum Physical Theory of Subjective Antedating", *Journal of Theoretical Biology* 136 (1989): 13-19. Veja também os meus artigos "The Dreaming Universe", *Gnosis Magazine* (inverno de 1991-92) e "The Timing of Conscious Experience", *Journal of Scientific Exploration* 12, nº 4 (inverno de 1998): 511-542.

6. Veja o meu livro *Taking the Quantum Leap: The New Physics for Nonscientists*, edição revisada (San Francisco: Harper and Row, 1981, 1989).

7. Werner Heisenberg, *Physics and Philosophy* (Nova York: Harper and Row, 1958), p. 41.

8. Para os interessados em discussões suplementares sobre idéias a respeito de mundos paralelos aplicadas à consciência, queiram por favor consultar o Apêndice e as referências 2, 5, 6 e 9 na Bibliografia.

9. Arnold Mindell, *Dreambody: The Body's Role in Revealing the Self* (Santa Monica, CA: Sigo Press, 1982).

10. George von Békésy, *Sensory Inhibition* (Princeton, NJ: Princeton University Press, 1967).

11. B. Libet, E. W. Wright, B. Feinstein e Dennis Pearl, "Subjective Referral of the Timing for a Conscious Sensory Experience: A Functional Role for the Somatosensory Specific Projection System in Man", *Brain* 102, parte 1 (março de 1979). Veja também o meu próprio trabalho a respeito disso: "The Timing of Conscious Experience", *Journal of Scientific Exploration* 12, nº 4 (inverno de 1998): 511-542.

12. Veja, por exemplo, Jim Pouley, *The Secret of Dreaming* (Templestowe, Austrália: Red Hen Enterprises, 1988). Veja também, Peter Sutton, org., *Dreamings: The Art of Aboriginal Australia* (Victoria, Austrália: Penguin, 1988) e Jean A. Ellis, *From the Dreamtime: Australian Aboriginal Legends* (Austrália: Collins Dove, 1991).

13. Veja Henri Corbin, *Mundis Imaginalis or the Imaginal and the Imaginary* (Ipswich, Inglaterra: Golgonooza Press, 1976; publicado originalmente no periódico *Spring*, 1972).

14. Veja o meu livro *The Eagle's Quest: A Physicist's Search for Truth in the Heart of the Shamanic World* (Nova York: Summit Books, 1991).

Capítulo 6
Fertilidade sem Fim: A Força Está Conosco?

1. Fred Hoyle, *The Intelligent Universe* (Nova York: Holt, Rinehart, and Winston, 1983), pp. 6-8.

2. Richard Dawkins, *The Blind Watchmaker* (Londres: Longmans, 1986), p. 316.

3. Posso adivinhar que a explicação era mais ou menos esta: a nova atmosfera elétrica fornecia as condições que permitiam a formação de moléculas orgânicas. Essas moléculas, por sua vez, eram mais bem adaptadas para sobreviver numa tal atmosfera do que as moléculas mais simples.

4. Aqui nós lidamos com estatísticas e cálculos de grandes números. Eu remeto o leitor ao Capítulo 1 de *The Intelligent Universe*, de Fred Hoyle (Nova York: Holt, Rinehart, and Winston, 1983), pp. 11-23.

5. Discuti este e outros experimentos em meus livros anteriores. Veja, por exemplo, *The Spiritual Universe: One Physicist's Vision of Spirit,*

Soul, Matter and Self (Portsmouth, NH: Moment Point Press, 1999; publicado originalmente por Simon and Schuster, 1996), notas 18 e 19, pp. 292, 293.

6. Robert Waterson, da Universidade de Washington, e John Sulston, do Sanger Centre, em Cambridge, na Inglaterra, anunciaram o mapeamento bem-sucedido das seqüências genéticas completas para um animal inteiro — a totalidade das 97 milhões de "letras" genéticas que decifram 19.900 genes — as quais determinam como fazer uma minúscula minhoca moradora do solo. Com esse conhecimento, os cientistas são capazes de determinar cada passo do desenvolvimento da minhoca desde o estado de embrião até o de um adulto completo de 959 células, contendo exatamente 302 neurônios. Essa descoberta nos proporciona uma introvisão do processo de longo prazo da evolução, sugerindo que os genes estavam presentes e que as suas funções já estavam estabelecidas no ancestral comum de fungos e de animais. Veja o Genome Sequencing Consortium (Consórcio para o Seqüenciamento do Genoma), "Genome sequence of the nematode *C. elegans*: A platform for investigating biology", *Science* 282 (1998): 2.012-2.021.

7. O rato toupeira da África, recentemente descoberto, parece uma tal criatura NAIDA. Vivendo no solo como uma toupeira, com o ambiente sempre apresentando uma temperatura constante, esse animal não tem capacidade para tremer de frio quando está frio e nem para suar quando está quente — respostas típicas à mudança do ambiente térmico. Essa criatura não tem necessidade dessas adaptações uma vez que ela nunca está fria nem quente.

CAPÍTULO 7
O meu Tempo é o seu Tempo: Tudo é Possível

1. Essa interpretação foi apresentada pela primeira vez por Niels Bohr quando ele lidava com objetos atômicos. Na escola de Bohr, tais objetos não podem mais ser observados da mesma maneira como nós vemos o mundo usual descrito pela física newtoniana. Em vez disso, os objetos têm dois tipos de observáveis complementares: aqueles que podem ser observados simultaneamente e aqueles que não podem. Observáveis simultâneos são chamados de *comutáveis*; os outros são chamados de *complementares*. Por exemplo, os objetos não podem ser observados com

suas posições e *momenta* simultaneamente. Posição e *momentum* são observáveis complementares. Energia e *momentum* podem às vezes ser observados simultaneamente, de modo que são observáveis comutáveis. Conseqüentemente, sempre que um observável é observado, seu observável complementar se torna indefinido, embora qualquer um dos seus observáveis comutáveis seja capaz de ser definido.

2. Um número real é qualquer número existente numa faixa de números que vai de $-\infty$ a $+\infty$ (menos infinito a mais infinito). Desse modo, por exemplo, 5,26 é um número real. Assim como também é real o número 375.002,348. Um número imaginário é qualquer número real multiplicado pela raiz quadrada de −1. Como um número negativo não pode ter uma raiz quadrada real, números tais como $\sqrt{-1}$ são designados com o símbolo *i* e são chamados de números imaginários. Desse modo, *i*5 é o número imaginário 5 multiplicado por $\sqrt{-1}$. Funções de onda quânticas são representadas por combinações de números reais e imaginários, e não podem ser representadas apenas por números reais. Esse fato basta para provar que eles são coisas imaginais e não coisas reais.

3. Para as pessoas interessadas em matemática, ψ^* é matematicamente o *complexo conjugado* de ψ. Suponha que a e b são dois números reais ordinários, como, por exemplo, 3 e 4. Complexo conjugado significa que se ψ era o número a+*i*b (isto é, 3+*i*4), então ψ^* seria a–*i*b isto é, 3–*i*4. Uma vez que $i \times i = -1$, a multiplicação desses dois números resulta em a^2+b^2 ($3^2+4^2=25$), um número real e positivo. Esse número significa a probabilidade do evento representado pela função de onda.

4. Antes de mais nada, quero recomendar dois textos. Eles cobrem idéias básicas que surgem como *slogans* da física quântica: o excelente *Quantum Reality* (Nova York: Doubleday, 1985), de Nick Herbert, e o meu *Taking the Quantum Leap: The New Physics for Nonscientists*, edição revisada (Nova York: HarperCollins, 1989). Em seguida, eu gostaria de sugerir que você lesse meus outros livros: *Star Wave: Mind, Consciousness, and Quantum Physics* (Nova York: MacMillan, 1984); *Parallel Universes: The Search for Other Worlds* (Nova York: Simon and Schuster, 1989); *The Dreaming Universe: A Mind-Expanding Journey into the Realm Where Psyche and Physics Meet* (Nova York: Simon and Schuster, 1994; Touchstone, 1995); e *The Spiritual Universe: One Physicist's Vision of Spirit,*

Soul, Matter and Self, edição revisada (Portsmouth, NH: Moment Point Press, 1999). Para mais informações que lidam com a física e a consciência, veja o provocador livro de Amit Goswami, *The Self-Aware Universe: How Consciousness Creates the Material World* (Nova York: Tarcher/Putnam, 1993). E para recursos suplementares que lidam com a física quântica e a consciência, você poderá se dirigir à minha web page: www.stardrive.org/fred.shtml.

5. O valor 1 significa que isso certamente ocorreria.

6. Naturalmente, poderiam ser observados desvios com relação às probabilidades esperadas. Em cem experimentos, os resultados poderiam ser quarenta e cinco para o 1 e cinqüenta e cinco para o 2, e ninguém se preocuparia. Porém, à medida que o número de experimentos cresce, digamos, para 10.000, as pessoas ficariam surpresas se os resultados fossem 4.500 para o 1 e 5.500 para o 2, mas não se surpreenderiam se os resultados fossem aproximadamente 4.900 para o 1 e 5.100 para o 2. À medida que o número de experimentos aumenta, o desvio com relação ao resultado esperado diminui.

7. Pense num campo magnético. Embora ele seja invisível, não obstante exerce uma força sobre os objetos. Você também pode considerar um campo gravitacional. Você sente claramente os efeitos desse campo sobre o seu corpo quando você tropeça para fora da cama de manhã.

8. Nós imaginamos que o mundo das coisas "lá fora" consiste nesses minúsculos pedacinhos de matéria que rodopiam-através-do-espaço. Embora nunca fôssemos tentar contar esses pedacinhos, podemos supor que eles se comportam estatisticamente, permanecendo sempre dentro das regras da lógica e da probabilidade. Desse modo, não acontece de as moléculas de ar na sala se congelarem num canto da sala e se aquecerem num outro canto. Embora as pessoas relatem tais coisas de tempos em tempos, é mais provável que elas apenas sintam uma corrente local de ar frio varrendo a sala.

9. Eu discuti essas influências em meu artigo "The Timing of Conscious Experience", *Journal of Scientific Exploration* 12, nº 4 (inverno de 1998): 511-542.

10. Muitas pessoas no campo da física pensam que a experiência consciente (EC) indica "colapso da função de onda" ou dispersão dos es-

tados quânticos ou alguma coisa semelhante. Nesse processo, algo misterioso acontece e, a partir das diferentes possibilidades, de algum modo, uma escolha é feita.

11. Novamente, veja o meu artigo "The Timing of Conscious Experience", *Journal of Scientific Exploration* 12, nº 4 (inverno de 1998): 511-542.

12. O *problema da ligação* refere-se ao fato de que nós vemos uma figura completa e total do mundo, e não um *flash* de fragmentos. Naturalmente, não se deveria esperar ver um *flash* de fragmentos, mas, uma vez que o cérebro processa de diferentes maneiras os dados sensoriais que nele ingressam e uma vez que ele utiliza diferentes períodos de tempo para fazê-lo, poder-se-ia perguntar por que o mundo parece para nós tão consistente e não-fragmentado.

13. Eu sugiro que esta é a maneira como a consciência trabalha. Consulte o meu artigo "The Timing of Conscious Experience". A idéia para esse artigo surgiu da leitura de diferentes trabalhos, inclusive o de Yakir Aharonov, Peter G. Bergmann e Joel L. Lebowitz, "Time Symmetry in the Quantum Process of Measurement", *Physical Review* 134B (1964): pp. 1.410-1.416. Veja também Lev Vaidman, "Time-symmetrized Counterfactuals in Quantum Theory" (julho de 1998), disponível na Internet em http://xxx.lanl.gov/list/quantph/new (o número de referência do Los Alamos National Laboratory é quant-ph/9807075 27).

O modelo da simetria temporal nos ajuda a entender todos os paradoxos associados com tentativas de mapear a consciência no espaço-tempo, tais como o paradoxo do *timing* de Libet, e aqueles associados com o colapso das violações da função de onda da invariância transformacional de Lorentz (quando se supõe que os colapsos ocorram sobre superfícies semelhantes a espaço.

14. Aqui, "clássico' significa um conjunto de eventos que podem ser reunidos de modo a constituir uma história plausível. "O que sobe precisa descer" constitui uma história clássica plausível. "A moeda cai cara ou cai coroa" soa razoável e constitui uma história clássica. Histórias de fantasmas não são clássicas, embora, como a história de Scrooge, elas possam de fato ser literatura clássica. No entanto, mesmo aqui, nós, os leitores do conto de Dickens, vemos a plausibilidade dos fantasmas de Scrooge.

15. Minha ilustração perde algo importante. Assim como as visões dos cubos que se sobrepõem formam uma única visão complementar de peças planas, também deveria haver visões de peças que se sobrepõem e produzem uma ou a outra das visões do cubo. Eu não mostrei isso. Eu não sabia como. Talvez um de vocês "aí fora" possa perceber como fazer isso.

CAPÍTULO 8
Significado e Manifestação: A Grande Reunião

1. Lembre-se de que esta é a teoria da física (discutida no Capítulo 5) que postula que, além do nosso próprio universo físico, existem universos paralelos alternados que passam a existir sempre que alguma coisa em nosso universo interage com alguma outra coisa, em particular com um observador.

2. No Apêndice, eu o convido a ingressar experimentalmente numa história de mundos paralelos.

3. Lembre-se de que existem seis sentidos comuns: audição, visão, olfato, tato, paladar e mentação. O sentido da mentação detecta eventos (chamados de lembranças) no tempo, enquanto os outros sentidos os detectam no espaço.

4. Anormal significa, literalmente, fora do caminho muito trilhado, longe da norma ou da média.

5. A luz é de fato uma coisa fantástica quando você considera o espaço, o tempo e a matéria do ponto de vista dela. De acordo com a teoria especial da relatividade, nenhum tempo transcorre para um feixe de luz quando ele abre caminho através do universo, e nenhum espaço jamais é atravessado. Isso se deve à maneira especial pela qual os intervalos espaciais e temporais se transformam quando alguém os mede a partir de sistemas de referência que se movem relativamente um ao outro.

CAPÍTULO 9
Estrutura e Beleza: Espírito e Alma

1. Tal fatia pode ser um elétron, um próton, um quark e assim por diante.

Apêndice
Existência: A Mente numa Caixa

1. A palavra "possibilidade" é utilizada aqui em dois sentidos. O primeiro é o mais familiar. No segundo sentido, ela significa que uma quantidade matemática definida segundo a física quântica, quando multiplicada por si mesma, resulta na probabilidade de que um evento aconteça. Basicamente, uma possibilidade elevada ao quadrado é igual a uma probabilidade.

2. As idéias de Everett são explicadas no artigo de Bryce S. Dewitt, "Quantum Mechanics and Reality", *Physics Today* (setembro de 1970): 30-35.

3. Veja David Z. Albert, "How to Take a Photograph of Another Everett World", *in New Techniques and Ideas in Quantum Measurement Theory*, org. D. M. Greenberger, vol. 480, *Annals of the New York Academy of Sciences* (30 de dezembro de 1986). Veja também "On Quantum-Mechanical Automata", *Physics Letters* 98A, n°s 5, 6 (24 de outubro de 1983): 249-252.

BIBLIOGRAFIA

Aharonov, Yakir, Peter G. Bergmann e Joel L. Lebowitz. "Time Symmetry in the Quantum Process of Measurement." *Physical Review* 134B (1964): 1.410-16.

Bohm, David. *Quantum Theory*. 1951. Reimpressão, Nova York: Dover Publications, 1989.

Corbin, Henri. *Mundis Imaginalis 'or the Imaginal and the Imaginary*. 1972. Reimpressão, Ipswich, Inglaterra: Golgonooza Press, 1976.

Crick, Francis. *The Astonishing Hypothesis: The Scientific Search for the Soul*. Nova York: Charles Scribner and Sons, 1994.

Dawkins, Richard. *The Blind Watchmaker*. Londres: Longmans, 1986.

Dennett, Daniel G. *Darwin's Dangerous Idea: Evolution and the Meanings of Life*. Nova York: Touchstone, 1996.

Edinger, Edward F. *Anatomy of the Psyche: Alchemical Symbolism in Psychotherapy*. Chicago: Open Court, 1985. (Em português: *Anatomia da Psique*, Editora Cultrix, São Paulo.)

Einstein, Albert, *Ideas and Opinions*. Nova York: Crown, 1954.

Einstein, Albert, R. C. Tolman e B. Podolsky. "Knowledge of Past and Future in Quantum Mechanics." *Physical Review* 37 (1931): 780-81.

Eldridge, Niles. *Reinventing Darwin: The Debate at the High Table of Evolutionary Theory*. Nova York: John Wiley and Sons, 1995.

Ellis, Jean A. *From the Dreamtime: Australian Aboriginal Legends*. Austrália: Collins Dove, 1991.

Gilchrist, Cherry. *The Elements of Alchemy*. Rockport, MA: Element, 1991.

Goswami, Amit. *The Self-Aware Universe: How Consciousness Creates the Material World*. Nova York: Putnam Books, 1993.

Heisenberg, Werner. *Physics and Philosophy*. Nova York: Harper and Row, 1958.

Herbert, Nick. *Quantum Reality*. Nova York: Doubleday, 1985.

Hesse, Hermann. *Siddhartha*. Traduzido por Hilda Rossner. Nova York, New Directions, 1951.

Holmyard, E. J. *Alchemy*. Mineola, Nova York: Dover, 1990.

Hoyle, Fred. *The Intelligent Universe*. Nova York: Holt, Rinehart, and Winston, 1983.

Jung, C. G. *Analytical Psychology: Its Theory and Practice*. Nova York: Vintage, 1970.

Kauffman, Stuart. *At Home in the Universe: The Search for Laws of Self-Organization and Complexity*. Nova York: Oxford University Press, 1995.

Keller, Evelyn Fox. *Refiguring Life: Metaphors of Twentieth-Century Biology*. Nova York: Columbia University Press, 1995.

Klossowski de Rola, Stanislas. *Alchemy: The Secret Art*. Nova York: Thames and Hudson, 1973, 1997.

Libet, B., E. W. Wright, B. Feinstein e Dennis Pearl. "Subjective Referral of the Timing for a Conscious Sensory Experience: A Functional Role for the Somatosensory Specific Projection System in Man." *Brain* 102, parte 1 (março de 1979).

Lwoff, André. *Biological Order*. Cambridge, MA: MIT Press, 1962.

McLuhan, Marshall. *The Medium is the Massage: An Inventory of Effects*. San Francisco: Hardwired, 1996.

Mindell, Arnold. *Dreambody: The Body's Role in Revealing the Self*. Santa Monica, CA: Sigo Press, 1982.

Pauli, Wolfgang. "Ideas of the Unconscious from the Standpoint of Natural Science and Epistemology." *Dialectica* 8, nº 4 (dezembro de 1954).

——. "Science and Western Thought." *In Europa: Erbe und Auftrag*, organizado por M. Gohring. Mainz, Alemanha: Internationaler Gelehrtenkongress, 1955.

——. Carta a C. G. Jung (março de 1953). Exibida na Pauli Room no CERN, Genebra.

Pouley, Jim. *The Secret of Dreaming*. Templestowe, Austrália: Red Hen, 1988.

Price, Huw. *Time's Arrow and Archimedes' Point*. Nova York: Oxford University Press, 1966.

Roberts, Jane. *The Unknown Reality*. Vol. 1. 1977. Reimpressão, San Rafael, CA: Amber-Allen, 1996.

Rosen, Eliot Jane, org. *Experiencing the Soul: Before Birth, During Life, After Death*. Carlsbad, CA: Hay House, 1998.

Schiff, Leonard I. *Quantum Mechanics*. 3ª ed. Nova York: McGraw-Hill, 1955, 1968.

Scholem, Gershom. *Major Trends in Jewish Mysticism*. Nova York: Schocken Books, 1974.

Schrödinger, Erwin. *My View of the World*. Cambridge, Inglaterra: Cambridge University Press, 1964. Reimpressão, Woodbridge, CT: Ox Bow Press, 1983. Publicado originalmente em alemão (Hamburgo-Viena: Paul Zsolnay Verlag, 1961).

——. *What Is Life? Mind and Matter*. Cambridge, Inglaterra: Cambridge University Press, 1967.

Smoley, Richard. "My Mind Plays Tricks on Me." *Gnosis* (primavera de 1991): 12.

Suarés, Carlo. *The Cipher of Genesis: The Original Code of the Qabala as Applied to the Scriptures*. Berkeley, CA: Shambhala, 1970. Reimpressão, York, ME: Samuel Weiser, 1992.

——. *Les Spectrogrammes de L'Alphabet Hebraïque*. Genebra, Suíça: Mont-Blanc, 1973.

——. "The Cipher of Genesis." In *Tree 2: Yetzirah*, organizado por David Meltzer. Santa Barbara, CA: Christopher Books, 1971. Extraído de uma carta de Suarés reimpressa de *Systematics* 8, nº 2 (setembro de 1970).

——. *The Second Coming of Reb Yhshwh*. York Beach, ME: Samuel Weiser, 1994.

Sutton, Peter, org. *Dreamings: The Art of Aboriginal Australia*. Victoria, Australia: Penguin, 1988.

Vaidman, Lev. "Time-Symmetrized Counterfactuals in Quantum Theory." Na Internet em http://xx.lanl.gov/ (quant-ph/9807075 27 de julho de 1998).

von Békésy, George. *Sensory Inhibition*. Princeton, NJ: Princeton University Press, 1967.

von Franz, Marie-Louise. *Number and Time: Reflections Leading to a Unification of Depth Psychology and Physics*. Evanston, IL: Northwestern University Press, 1974.

——. *Alchemical Active Imagination*. Boston: Shambhala, 1997. (Em português: *A Alquimia e a Imaginação Ativa*, São Paulo: Editora Cultrix, 1992.)

Walker, Barbara G. *The Woman's Encyclopedia of Myths and Secrets*. Nova York: Harper and Row, 1983.

Waterson, Robert e John Sulston. "Genome Sequence of the Nematode *C. Elegans*: A Platform for Investigating Biology." *Science* 282 (1998); 2.012-021.

Watzlawick, Paul. *How Real Is Real?* Nova York: Random House, 1976.

Weiner, Norbert. *God and Golem, Inc: A Comment on Certain Points Where Cybernetics Impinges on Religion*. Cambridge, MA: MIT Press, 1964.

Wheeler, John Archibald. "Information, Physics, Quantum: The Search for Links." *In Complexity, Entropy, and the Physics of Information, Santa Fe Institute Studies in the Science of Complexity* 8, organizado por W. H. Zurich. Redwood City, CA: Addison-Wesley, 1990.

——. "How Come the Quantum?" *In New Techniques and Ideas in Quantum Measurement Theory*, organizado por D. M. Greenberger. *Annals of the New York Academy of Sciences* 480 (30 de dezembro de 1986).

Wolf, Fred Alan. *Taking the Quantum Leap: The New Physics for Nonscientists*. San Francisco: Harper and Row, 1981. Edição revisada, Nova York: HarperCollins, 1989.

——. *Star Wave: Mind, Consciousness, and Quantum Physics*. Nova York: Macmillan, 1984.

——. "The Quantum Physics of Consciousness: Towards a New Psychology", *Integrative Psychology* 3 (1985): 236-47.

——. *The Body Quantum: The New Physics of Body, Mind, and Health*. Nova York: Macmillan, 1986.

——. "The Physics of Dream Consciousness: Is the Lucid Dream a Parallel Universe?" *Lucidity Letter* 6, nº 2 (dezembro de 1987): 130-35).

——. *Parallel Universes: The Search for Other Worlds*. Nova York: Simon and Schuster, 1989.

——. "On the Quantum Physical Theory of Subjective Antedating." *Journal of Theoretical Biology* 136 (1989): 13-19.

——. *The Eagle's Quest: A Physicist's Search for Truth in the Heart of the Shamanic World*. Nova York: Summit, 1991.

——. "The Dreaming Universe." *Gnosis* 22 (inverno de 1992): 30-35.

——. *The Dreaming Universe: A Mind-Expanding Journey into the Realm where Psyche and Physics Meet*. Nova York: Simon and Schuster, 1994. Reimpressão, Nova York: Touchstone, 1995.

——. "The Body in Mind." *Psychological Perspectives* 30 (outono-inverno de 1994): 22-35.

Wolf, Fred Alan. "The Quantum Mechanics of Dreams and the Emergence of Self-Awareness." *In Toward a Scientific Basis for Consciousness*, organizado por S. R. Hameroff, A. W. Kaszniak e A. C. Scott. Cambridge, MA: MIT Press, 1996.

——. *The Spiritual Universe: One Physicist's Vision of Spirit, Soul, Matter, and Self*. Portsmouth, NH: Moment Point Press, 1999. Publicado originalmente como *The Spiritual Universe: How Quantum Physics Proves the Existence of the Soul*. Nova York: Simon and Schuster, 1996.

——. "The Soul and Quantum Physics." *In Experiencing the Soul: Before Birth, During Life, After Death*, organizado por Eliot Jay Rosen. Carlsbad, CA: Hay House (1998): 245-52.

——. "The Timing of Conscious Experience." *Journal of Scientific Exploration* 12, nº 4 (inverno de 1998): 511-42.

——. "A Quantum Physics Model of the Timing of Conscious Experience." *In Toward a Science of Consciousness III: The Third Tucson Discussion and Debates*, organizado por Stuart Hameroff, Al Kaszniak e David Chalmers. Cambridge, MA: MIT Press, 1999.

——. "The Quantum Physical Communication Between the Self and the Soul." *Noetic Journal* 2, nº 2 (abril de 1999): 149-57.

Yogananda, Paramahansa. *Autobiography of a Yogi*. Los Angeles: Self-Realization Fellowship, 1973.

Zohar: The Book of Enlightenment. Tradução e Introdução de Daniel Chanan Matt. Mahwah, NJ: Paulist Press, 1983.